Dogen: El Maestro Zen

Dhamma Buddha

Published by Dhamma Buddha, 2024.

DOGEN: EL MAESTRO ZEN

First edition. May 4, 2024.

Copyright © 2024 Dhamma Buddha.

ISBN: 979-8224508976

Written by Dhamma Buddha.

Tabla de Contenido

Estudia el camino... olvida el yo...

NUESTRO QUERIDO MAESTRO, DOGEN ESCRIBIÓ:

ESTUDIAR EL CAMINO DEL BUDA ES ESTUDIAR EL YO. ESTUDIAR EL YO ES OLVIDARSE DEL YO.

OLVIDARSE DEL YO ES ILUMINARSE CON TODAS LAS COSAS. ILUMINARSE CON TODAS LAS COSAS ES ELIMINAR LAS BARRERAS ENTRE UNO MISMO Y LOS DEMÁS. ENTONCES NO HAY RASTRO DE ILUMINACION, AUNQUE LA ILUMINACION MISMA CONTINUA EN LA VIDA COTIDIANA DE UNO SIN FIN.

LA PRIMERA VEZ QUE BUSCAMOS LA LEY, ESTÁBAMOS MUY LEJOS DE LA FRONTERA DE LA MISMA.

PERO POCO DESPUÉS DE QUE LA LEY NOS HAYA SIDO DEBIDAMENTE TRANSMITIDA, SOMOS PERSONAS ILUSTRADAS.

Maneesha , este es el primer día de una nueva serie de charlas, dedicadas a las lunas llenas. La luna es un antiguo símbolo de la transformación de los rayos calientes del sol en rayos frescos, pacíficos y hermosos. No tiene nada propio. Cuando se ve la luna, sólo se ve un espejo que refleja los rayos del sol. Esos rayos reflejados son como los que se ven cuando el sol se refleja en un río.

La luna es un espejo, pero no sólo un espejo, también es un agente transformador. Cambia los rayos de calor en rayos frescos y pacíficos. Por eso la luna se ha convertido en el símbolo más significativo de Oriente.

Esta serie está dedicada a las lunas llenas. En la serie en sí vamos a hablar de uno de los maestros más singulares, Dogen .

Antes de entrar en los sutras, sería bueno que supieras algo sobre Dogen. Este conocimiento le ayudará a comprender sus sutras tan condensados. Parecen contradictorios a primera vista. Sin el trasfondo del modelo de vida de Dogen son como árboles sin raíces, no pueden dar flores. Primero hablaré de la estructura vital de Dogen.

DOGEN NACIÓ EN EL SENO DE UNA FAMILIA ARISTOCRÁTICA DE KYOTO HACE OCHOCIENTOS AÑOS. SU PADRE ERA UN ALTO MINISTRO DEL GOBIERNO Y ÉL MISMO FUE UN NIÑO EXCEPCIONALMENTE INTELIGENTE. SE DICE QUE COMENZÓ A LEER POESÍA CHINA A LOS CUATRO AÑOS - otro Mozart.

El chino es quizá el idioma más difícil del mundo, porque no tiene alfabeto. Es pictórico y leerlo requiere años de duro trabajo para memorizar esos símbolos. Para el chino de nacimiento no es tan difícil, porque desde el mismo nacimiento está arraigado en su mente, pero cualquiera que estudie chino desde el extranjero...

Algunos amigos me han dicho que se necesitan al menos diez años, si trabajas duro; treinta años si trabajas como lo haría cualquier estudiante normal.

A los cuatro años, entender el chino, y no sólo el chino, sino la poesía china, es aún más difícil. Porque entender la prosa de cualquier idioma es fácil, pero la poesía tiene alas, vuela a lugares lejanos. La prosa es muy comercial, muy terrenal; se arrastra por el suelo.

la poesía vuela Lo que la prosa no puede decir, la poesía consigue indicarlo. La prosa está conectada a tu mente, la poesía está más conectada a tu corazón; Se parece más al amor que a la lógica.

A la edad de cuatro años, la comprensión de Dogen de la poesía china demostró inmediatamente que no iba a ser un ser humano corriente. Desde esa misma edad su comportamiento no era el de un niño mediocre; se comportaba como un buda, tan sereno, tan grácil, sin interesarse por los juguetes. A todos los niños les interesan los juguetes, los ositos de peluche... ¿a quién le importa la poesía?

Pero, por suerte o por desgracia, su padre murió cuando él sólo tenía dos años y su madre cuando él tenía siete. Dogen solía contar a sus discípulos más tarde, cuando se convirtió en un maestro hecho y derecho, que todos pensaban que era una desgracia:

"¿Qué le pasará a esta chica tan guapa e inteligente?".

Pero en el fondo de su corazón sintió que era una oportunidad; ahora no había barreras.

Los psicólogos modernos quizá lo entiendan: puedes ser viejo -cincuenta, sesenta, setenta-, tu padre y tu madre pueden estar muertos... y aun así te dominan de un modo muy psicológico. Si escuchas en silencio las voces de tu interior, puedes descubrir que: "Esta voz viene de mi padre, o de mi madre, o de mi tío, o de mi profesor, o del cura".

Dogen solía decir: "Fue una gran oportunidad que las dos personas que podrían haberme distraído, que me amaban y yo los amaba... y ese era el peligro. Murieron en el momento oportuno. Les estoy infinitamente agradecido sólo porque murieron en el momento oportuno sin destruirme a mí mismo".

Es muy extraño que un niño de siete años entienda esto. Sólo ahora los psicólogos han descubierto que las mayores barreras del hombre son el padre, la madre. Si quieres ser una conciencia totalmente libre, tienes que dejar, en algún punto del camino, tus osos de peluche, tus juguetes, las enseñanzas que te han impuesto. Todas han sido bienintencionadas, sin duda, pero como dice un viejo proverbio: "El camino del infierno está empedrado de buenas intenciones".

No basta con tener buenas intenciones; lo que se necesita es una intención consciente, que es muy poco frecuente. Encontrar un padre y una madre con energía meditativa consciente es sólo esperar lo imposible.

Cuando murió su madre, Dogen estaba traduciendo la escritura budista más importante, el abhidharma - "la esencia de la religión"- del chino al japonés. Mostraba todos los signos de un gran futuro. Y a la edad de siete años, cuando su padre y su madre habían muerto, lo primero que hizo -lo cual es increíble- fue convertirse en sannyasin . Incluso los vecinos, los parientes, no podian creerlo. Y Dogen dijo: "No voy a dejar pasar esta oportunidad. Tal vez si mi padre y mi madre estuvieran vivos, no hubiera abandonado el mundo en busca de la verdad". Se hizo sannyasin y comenzo a buscar al maestro.

Hay dos tipos de buscadores interesados en la verdad. Uno comienza a buscar en las escrituras:

Puedes convertirte en un gran intelectual, puedes convertirte en un gigante, pero dentro de ti habrá oscuridad. Toda tu luz es prestada, y una luz prestada no te va a ayudar en las crisis reales de la vida.

Me recuerda a un sacerdote cristiano que solía repetir en cada sermón lo que decía "Cristo",

"Si alguien te abofetea en una mejilla, dale también en la otra".

A todos les gustaban sus sermones, citaba grandes frases. Pero en una ocasión un hombre se levantó y le dio una bofetada en la mejilla al sacerdote. El sacerdote se sorprendió, porque acababa de citar a Jesús. Pero de todos modos, para salvar las apariencias, puso la otra mejilla. Y aquel hombre debía de ser un verdadero rebelde; también le abofeteó en la otra. Esto fue demasiado.

El sacerdote se abalanzó sobre el hombre y comenzó a golpearlo. El hombre le dijo: "¿Qué haces?".

Dijo: "La escritura se detiene en la segunda mejilla. Ahora yo estoy aquí y tú estás aquí: decidamos esto".

Las escrituras prestadas no ayudarán en los encuentros reales. En la vida hay realidades cotidianas que afrontar.

En la muerte tienes que enfrentarte a la realidad última. Y el conocimiento prestado no va a ayudar en absoluto.

El segundo tipo de buscador no acude a las escrituras, sino que empieza a buscar un maestro.

Son dos dimensiones diferentes: una busca el conocimiento, la otra busca una fuente que aún esté viva. Uno busca escrituras muertas, el otro busca una escritura viva cuyo corazón aún late y baila, en cuyos ojos aún puedes ver la profundidad, en cuya presencia puedes ver tu propio potencial.

Este segundo tipo es el verdadero buscador de la verdad. El primer tipo es sólo un buscador de conocimiento.

Puedes tener toneladas de conocimientos y seguir siendo un ignorante. El hombre que ha encontrado al maestro puede tener que desprenderse de todos sus conocimientos para abrirse y ser vulnerable a la presencia del maestro, para poder danzar con el corazón del maestro. En esta danza se produce la sincronización, ambos corazones se acomodan lentamente al mismo ritmo. Este ritmo se llama transmisión. No se da nada visible - ninguna enseñanza, ninguna doctrina - pero invisiblemente dos corazones han empezado a bailar al mismo son. Todo lo que el maestro sabe desciende lentamente por este camino invisible y se derrama en los corazones de los discípulos hasta desbordarse.

Dogen demuestra su inteligencia, ciertamente, que nunca recurrió a las escrituras. Mientras su madre vivía, tradujo el abhidharma , una de las escrituras budistas más importantes, del chino al japonés. Si sus padres hubieran vivido, podría haberse convertido en un gran erudito. A la muerte de sus padres, quemó todo lo que había traducido junto con esa escritura, el abhidharma .

es increíble. Un niño de siete años tuvo la gran intuición de que: "Las palabras no saciarán mi sed. Tengo que ir en busca de una fuente viva, alguien a quien haya conocido no a través de las palabras, sino de la experiencia real; alguien que sea existencialmente un buda."

La búsqueda del maestro es la búsqueda del buda.

A LOS TRECE AÑOS DOGEN FUE INICIADO FORMALMENTE. No era fácil ser iniciado, uno tenía que demostrar su capacidad, su potencialidad, su posibilidad. Tenías que demostrar que no te traicionarías en el camino, que no harías perder el tiempo al maestro, que esperarías infinitamente. Así que tuvo que esperar hasta los trece años, y después:

FUE INICIADO FORMALMENTE EN MONTACHRY, EN EL MONTE HIEI, EL CENTRO DE APRENDIZAJE DEL BUDISMO TENDAI EN JAPÓN. DURANTE LOS AÑOS SIGUIENTES ESTUDIÓ LAS ESCUELAS MAHAYANA E HINAYANA, VERSIONES DEL BUDISMO, BAJO LA DIRECCIÓN DE SU MAESTRO, EL ABAD KOEN.

A LOS CATORCE AÑOS, DOGEN SE VIO AFECTADO POR PROFUNDAS DUDAS SOBRE UN ASPECTO DE LA ENSEÑANZA BUDISTA.

Este es el sutra que le hizo preocuparse hasta lo más profundo de su ser.

SI, COMO DICEN LOS SUTRAS, "TODOS LOS SERES HUMANOS ESTÁN DOTADOS DE LA NATURALEZA BÚDICA"

¿POR QUÉ HAY QUE ENTRENARSE TAN DURAMENTE PARA REALIZAR ESA NATURALEZA DE BUDA, PARA ALCANZAR LA ILUMINACIÓN?

Una pregunta muy significativa. Si todo el mundo es un Buda, entonces reconocerlo debería ser lo más fácil del mundo. Si eres potencialmente un Buda, entonces las barreras no pueden ser muchas; no pueden obstaculizarte. Nada puede impedírtelo. Un rosal trae rosas, una semilla de loto trae el loto. Si todo hombre es una semilla de buda, ¿por qué tanta disciplina? Sólo tenía catorce años, y hacía sólo un año que había sido iniciado, pero este sutra le perturbaba enormemente.

Es obvio que si ser un Buda es nuestra naturaleza, entonces debería ser la cosa más simple... sin ninguna disciplina, sin ningún esfuerzo - sólo un fenómeno natural, cómo respiras, cómo late tu corazón, cómo corre tu sangre en el cuerpo. No hay necesidad de todas las tonterías que se han impuesto a la gente para convertirse en Budas, para alcanzar la Budeidad .

En aquel momento dejó a su profesor porque no podía responderle. El maestro era sólo un maestro. Podía enseñar los sutras , pero no podía responder. podía darse cuenta de la gran importancia

de la cuestión. O la Budeidad no es la naturaleza de todos...

Es una cima lejana a la que hay que llegar atravesando todo tipo de dificultades. Pero si es tu propia naturaleza, entonces puedes realizarla ahora mismo, sin esperar ni un solo momento. Pero el maestro no podía decir eso, porque él mismo no había realizado la Budeidad . Había estado enseñando las escrituras budistas, y ni un solo estudiante había dicho: "Este sutra es contradictorio".

EN BUSCA DE ALGUIEN QUE LE AYUDARA A LIBERARSE DE SUS DUDAS, DOGEN CONOCIÓ A OTRO MAESTRO, MYOZEN.

Profesores hay muchos. El mero hecho de licenciarse en una determinada rama del saber no es nada único ni especial. Pero encontrar un maestro es realmente difícil, ya que ambos hablan el mismo idioma: el maestro, el profesor. Y a veces puede ocurrir que el maestro hable con más claridad, porque no le preocupa su propia experiencia. El profesor habla con dudas, porque sabe que lo que está diciendo no es perfectamente adecuado, no expresa su propia experiencia... que está un poco lejos.

El profesor puede hablar con toda confianza porque no sabe nada. El profesor guarda silencio o, si habla, lo hace con gran responsabilidad, sabiendo que va a hacer afirmaciones que parecen contradictorias, pero que no lo son.

Pero todo profesor quiere ser conocido como tal. Para el buscador esto crea un problema. Myozen también se proclamó maestro, pero el tiempo demostró que no lo era.

A PESAR DE LOS LARGOS AÑOS DE FORMACIÓN CON MYOZEN, DOGEN SEGUÍA SINTIÉNDOSE INSATISFECHO.

A LA EDAD DE VEINTITRÉS AÑOS, DECIDE EMPRENDER EL VIAJE A CHINA CON MYOZEN, PARA PROFUNDIZAR EN EL ESTUDIO DEL BUDISMO ZEN. AL ABANDONAR EL BARCO, DOGEN SE DIRIGIÓ AL MONASTERIO DE T'IEN-T" UNG, DONDE SE FORMÓ CON EL MAESTRO WU-CHI.

AÚN INSATISFECHO, DURANTE LOS MESES SIGUIENTES VISITÓ MUCHOS MONASTERIOS. JUSTO CUANDO IBA A RENUNCIAR A SU BÚSQUEDA Y VOLVER A JAPÓN, SE ENTERÓ DE QUE EL ANTERIOR ABAD DE T'IEN-T'UNG HABÍA MUERTO Y QUE SU SUCESOR, JU-CHING, ERA UNO DE LOS MÁS GRANDES MAESTROS ZEN DE CHINA.

Cambió su plan de regresar a Japón y volvió al mismo monasterio donde había estado.

El viejo maestro, que no era más que un maestro, había muerto, y Juching le había sucedido , un hombre que se había remontado a lo alto y había tocado las alturas de la conciencia, que había ahondado en las profundidades de su ser. , que se había desplazado verticalmente hacia arriba y hacia abajo, que había abarcado todo su territorio consciente. Este hombre, Juching , demostró ser un hombre que respondía a las dudas, que las resolvía, porque Dogen seguía arrastrando la misma pregunta: si la budeidad es tu naturaleza, ¿por qué necesitas ninguna disciplina?

Fue Juching quien dijo: "No se necesita disciplina. No hay disciplina, no hay que ir a ninguna parte, no hay camino que recorrer... simplemente sé, silencioso, asentado, en el centro mismo de tu ser, y serás un buda. Te lo estás perdiendo porque estás buscando e intentando en todas partes menos en tu interior. Nunca

encuentra tu budeidad cambiando este monasterio por otro, este maestro por otro. ¡Entra!"

Ju - ching es conocido como uno de los mejores maestros, una espada muy fina que corta las cosas inmediatamente.

Su presencia, su fragancia, su gracia... Dogen se quedó con él, sin hacer nunca una pregunta, sólo bebiendo en la presencia misma del maestro, la atmósfera misma, el tiempo mismo... ahogándose.

Y siempre llega un momento... Un viejo proverbio tibetano dice: "Si el discípulo está preparado, el maestro aparece". La cuestión es que el discípulo esté preparado. Pero el discípulo sólo puede estar preparado si se encuentra con un hombre de conciencia -no un hombre sólo de palabras, sino un hombre de experiencia- que ha estado en las cimas más altas, en las profundidades más bajas. Y sólo estando cerca de él puede sentir la vibración, la frescura.

Irradia la verdad; y si estás preparado, de repente algo hace clic. Todas las dudas desaparecen, sabes que has encontrado al maestro. Ahora no tienes que pedir nada. Lo que sea necesario, el maestro te lo dará. De hecho, es solo por la pobreza del lenguaje que decimos: "El maestro lo dará".

La verdad es que, cuando estás preparado, simplemente se derrama sobre ti: el maestro ni siquiera puede pararlo. El maestro ya está irradiando, sólo que las puertas de tu ser están cerradas. Entonces esas vibraciones, y sólo son vibraciones, vuelven. Si las puertas están abiertas, no se dice nada y se entiende todo.

Cuando Dogen se convirtió en maestro por derecho propio, cuando Juching le declaró: "Ahora no hagas más el papel de discípulo", golpeó a Dogen y le dijo: "Has llegado a comprender; ahora sé compasivo con la humanidad ciega. Ahora no te sientes más a mi lado. Eres un buda.

Sólo porque deambulabas aquí y allá, no podías entender. Así que sentada a mi lado, en silencio... No te he dado nada. Simplemente te has centrado, y en este centrarse está la revolución interior."

DOGEN ESCRIBIÓ:

ESTUDIAR EL CAMINO DEL BUDA ES ESTUDIAR EL SER.

Ahora bien, éstas son afirmaciones tremendamente valiosas. Él está diciendo: "No preguntes por el camino - no hay camino".

ESTUDIAR EL CAMINO DEL BUDA ES ESTUDIAR EL YO. El camino retrocede, y cuanto más avanzas en la búsqueda, más te pierdes a ti mismo. Deja de ir y quédate en casa, sin hacer nada. Como dijo Basho :

ESTANQUE VIEJO.

UNA RANA SALTA,

Y UN GRAN SILENCIO.

Y Basho estaba sentado allí, así que escribió un pequeño poema, sentado tranquilamente, sin hacer nada:

Una rana salta al viejo estanque.

Un pequeño sonido y luego un gran silencio.

Somos pequeños sonidos en un gran silencio. Entre nosotros y el universo no hay mucha más diferencia que entre un sonido y el silencio.

En todos los templos de Oriente se han utilizado diferentes tipos de campanas. Incluso hoy en día se utilizan sin ningún tipo de comprensión. La razón es dar un mensaje: se toca la campana y se crea un sonido de la nada. Resuena en el templo vacío, vuelve a resonar, cada eco se hace más y más silencioso, y finalmente desaparece. Nuestra existencia no es más que un sonido en un inmenso océano de silencio.

ESTUDIAR EL CAMINO DEL BUDA ES ESTUDIAR EL SER.

No te preocupes por el camino, sólo estúdiate a ti mismo.

ESTUDIAR EL YO ES OLVIDARSE DEL YO.

¿Quién va a estudiar el yo? El que va a estudiar el yo ya ha renunciado al yo.

El que estudia el yo es el testigo: tu verdadero yo.

ESTUDIAR EL YO ES OLVIDARSE DEL YO. OLVIDAR EL YO ES SER ILUMINADO POR TODAS LAS COSAS.

Así que no importa en qué situación te encuentres, cualquier situación te iluminará. La gente se ha iluminado en todo tipo de situaciones que puedas imaginar. El punto es, si el ser es abandonado - entonces puedes estar cortando leña o acarreando agua del pozo, no importa.

En el momento en que no existe el yo -sólo un testigo, una vigilancia silenciosa- eres iluminado por todas las cosas.

SER ILUMINADO POR TODAS LAS COSAS ES ELIMINAR LAS BARRERAS ENTRE UNO MISMO Y LOS DEMÁS.

Estar iluminado significa simplemente: Yo no existo y tú no existes. Lo que existe es algo trascendental a mí y a ti, algo más, algo más grande y más elevado.

ENTONCES NO HAY RASTRO DE ILUMINACIÓN....

En un pasaje tan pequeño ha condensado tanto. Cada frase podría haberse convertido en una escritura.

ENTONCES NO HAY RASTRO DE ILUMINACIÓN, AUNQUE LA ILUMINACIÓN MISMA CONTINÚE EN LA VIDA DIARIA DE UNO SIN FIN.

Una vez que te has iluminado, no es que cada día tengas que recordar que estás iluminado; que cada mañana, al afeitarte frente al espejo, tengas que recordar que estás iluminado; o que al ir al mercado, tengas que recordar que no debes comportarte en contra de la iluminación.

Una vez que te has iluminado, todos tus actos son automáticamente de conocimiento, de conciencia.

Pronto te olvidas de la iluminación porque se ha convertido en tu propio cuerpo, tus huesos, tu sangre, tu médula, se ha convertido en tu propio ser. Ahora no hay necesidad de recordarla.

Ha habido maestros que han olvidado por completo que están iluminados porque no hay necesidad de recordarlo. Sus maestros les han dado en la cabeza. El bastón Zen surgió con propósitos muy específicos. Uno de los propósitos era que alguien que se ha iluminado y sigue sentado en silencio tiene que ser golpeado para que tome conciencia: "¡Ahora vete! ¡Levántate! ¡Recoge tu bicicleta alquilada!

¿Qué haces aquí?"

La iluminación no se produce dos veces: con una es suficiente. El maestro golpea como recompensa, para recordarte: "Ahora no hay necesidad de estar cerca de mí".

Hay historias preciosas...

Mahakashyapa se iluminó, y ni siquiera se acercó al Buda. Solía sentarse lejos, bajo un árbol; durante años había estado meditando allí. Se iluminó... ahora tenía miedo de acercarse al Buda porque le reconocería. El propio Buda tuvo que acercarse a Mahakashyapa y decirle: "Mahakashyapa, no intentes engañarme. Ahora no necesitas sentarte bajo este árbol. ¡Sube y muévete! Hay millones de personas que todavía andan a tientas en la oscuridad, y tú estás sentado aquí iluminado. Toma este fuego de tu iluminación y quema a tanta gente como sea posible".

Mahakashyapa tenía lágrimas en los ojos. Dijo: "Me he estado escondiendo, ¿quién te lo ha dicho? Sé que ahora ha pasado una dificultad... Estoy iluminado y no puedo acercarme a ti. Quiero tocarte los pies, pero te toco los pies, hago el gesto de tocarte los pies. " pies, sólo de lejos bajo el árbol.

Porque sé que una vez que te enciendas, te despedirán".

Otro discípulo de Gautam Buda, Sariputta , lo puso como condición. Cuando tomó la iniciación ya era un erudito muy famoso de su época.

Puso como condición: "Si por casualidad me ilumino, por favor no me eches. Quiero permanecer siempre a tu lado. Si la iluminación significa que tengo que irme, no me iluminaré, así que depende de ti".

Buda dijo: "No te preocupes. Primero ilumínate, luego ya veremos".

Dijo: "No, lo quiero como una buddmesa. La iluminación está a salvo a tu lado. Y si no me das una promesa, serás la barrera para mi iluminación".

Buda dijo: "Me estáis dando problemas. Si todo el mundo empieza a decir: 'No nos echéis', ¿cómo me las voy a arreglar?". - Ya eran diez mil los sannyasins que se trasladaban con él de una aldea a otra.

Dijo: " Sariputta , tú eres un gran erudito, deberías comprender. Porque la iluminación no es sólo iluminación, es también una gran responsabilidad. Has llegado a realizar la paz, la dicha y el gozo últimos". Ahora es tu responsabilidad compartirlo, llegar lo más lejos posible. Ahora no tiene sentido sentarse al lado del maestro.

ENTONCES NO HAY RASTRO DE ILUMINACIÓN, AUNQUE LA ILUMINACIÓN MISMA CONTINÚE EN LA VIDA DIARIA DE UNO SIN FIN.

LA PRIMERA VEZ QUE BUSCAMOS LA LEY -por ley se entiende la ley última de la existencia- ESTABAMOS LEJOS DE LA FRONTERA DE LA MISMA. PERO POCO DESPUÉS DE QUE LA LEY NOS HAYA SIDO DEBIDAMENTE TRANSMITIDA...

Te he explicado lo que es la transmisión: no es a través de las palabras, es a través de la presencia. Es a través de la cercanía, la confianza, el amor, que algo salta del interior del maestro y te hace arder. Es un salto cuántico de conciencia. Es casi como dos velas: una está encendida, la otra está apagada. Si acercas las dos velas, llegará un momento en que la llama de la vela encendida saltará -puedes ver el salto- y la vela apagada también se encenderá. Y la vela encendida no pierde nada. La vela apagada llevaba la posibilidad, la potencialidad; sólo necesitaba una oportunidad.

El profesor es la oportunidad.

LA PRIMERA VEZ QUE BUSCAMOS LA LEY ESTÁBAMOS MUY LEJOS DE LA FRONTERA DE LA MISMA.

PERO POCO DESPUÉS DE QUE LA LEY NOS HAYA SIDO DEBIDAMENTE TRANSMITIDA, SOMOS PERSONAS ILUSTRADAS.

Todo el mundo es un Buda, esté despierto o dormido. Sólo existe esta pequeña distinción; por lo demás, no hay nada inferior ni superior. No hay nada malo en ser un Buda dormido: es tu elección. Dormir un poco más no hace daño a nadie, pero no ronques, porque perturbarías el sueño de los demás.

Un sacerdote católico tenía grandes dificultades. Un anciano, el más rico de su congregación, solía sentarse frente a él, y venía con su pequeño nieto. Y el anciano, al comienzo del sermón, empezó a roncar. Era una molestia para el sacerdote, pero el hombre era rico y donaba tanto a la iglesia que no se podía interferir con él. Pero había que detenerlo de alguna manera; de lo contrario, tarde o temprano todos estarían durmiendo, roncando, y él les estaría predicando. Había que detener esta enfermedad.

Intentó encontrar una manera. Empujó al chico a un lado cuando se marchaban y le preguntó: "¿Puedes hacer algo, por el amor de Dios?".

Dijo: "Nunca hago nada sin dinero. No conozco a Dios ni la causa de Dios, sólo el dinero". Un verdadero hijo de empresario.

El sacerdote católico dijo: "Vale. Te daré 25 centavos si mantienes despierto al viejo.

Cada vez que ronque despiértalo, golpéalo con tu rodilla".

Dijo: "Por adelantado, porque no hago nada sin el dinero por adelantado. Y si el viejo se entera, habrá problemas. Así que será mejor que me des el adelanto primero, estoy aceptando un trabajo arriesgado". El cura tuvo que darle un cuarto de dólar.

El domingo siguiente por la mañana, cuando el anciano empezó a roncar, el chico le golpeó una y otra vez para despertarle. El anciano le dijo: "¿Qué te ha pasado? Antes te sentabas en silencio. Siempre has venido conmigo".

Dijo: "Es un asunto de negocios".

El viejo dijo: "¿Qué quieres decir?"

Me dijo: "Voy a por una moneda para que no te duermas".

El anciano dijo: "Es simple: Te daré medio dólar para que me dejes dormir".

Dijo: "De acuerdo, por adelantado".

El anciano le dio medio dólar y el niño dejó de despertarle. El predicador le hizo señas al chico muchas veces: "¡Haz algo!" Pero el chico cerró los ojos, como si estuviera en una gran meditación.

Al salir de la iglesia, el cura agarró al chico diciendo: "Eres muy astuto. Has cogido el dinero por adelantado, y durante la mitad del sermón lo has hecho perfectamente. Entonces, ¿por qué has empezado a comportarte así, como si estuvieras meditando? Te he visto durante años; nunca has cerrado los ojos".

Me dijo: "No lo entiendes: los negocios son los negocios".

El cura dijo: "¿Qué quieres decir?"

Me dijo: "El viejo me ha dado medio dólar. Naturalmente tuve que parar. Ahora, si estás listo para un dólar el próximo domingo... Pero siempre es un riesgo; el viejo puede darme dos dólares".

El sacerdote pensó: "Esto es algo difícil para un sacerdote pobre. El aumento de precio continuará, porque ese viejo es rico, puede dar cualquier cosa".

Pensó: "Es mejor hablar con el viejo". Le dijo: "No me opongo a que duermas porque dormir no es -según las sagradas escrituras- un pecado. Puedes dormir. Pero roncar... eso tampoco es pecado según ninguna escritura sagrada, pero interfiere con otros durmientes. E interferir en la vida de otra persona es ciertamente inmoral. Hay muchos otros que duermen, lo sé. Pero, ¿quién viene a la iglesia? La gente que está completamente cansada viene a la iglesia para tener al menos un buen sueño matutino. Les estás molestando "Y este chico va a ser un gran hombre de negocios. Ya se lo ha imaginado... ha pedido el pago por adelantado".

El viejo dijo: "No tiene sentido competir, porque el precio que haya que pagar, lo pagaré yo. Pero, por el amor de Dios, déjame dormir y roncaré. Es mi derecho de nacimiento".

Esta es la diferencia entre tu estado de Buda esencial y tu estado de Buda roncador. Sólo dale una buena sacudida...

Quizá le sorprenda saber que antes había dos grupos de cristianos: uno se llamaba "cuáqueros" y el otro "shakers ." En su iglesia los cuáqueros tiemblan sólo para mantenerse despiertos, y los shakers tiemblan sólo para mantenerse despiertos. Creo que estos dos grupos, que casi han desaparecido, representan lo más esencial de cualquier religión. El cristianismo es más pobre por la decadencia de estos dos grupos.

Está perfectamente bien si puedes ayudar a despertar a tu Buda con un batido. ¿Qué hay de malo en ello? ¿Qué estás haciendo en la Meditación Dinámica? Es sólo una mezcla de sacudidas y temblores.

Pronto entrarás en nuestra meditación cada noche y verás que nunca nadie ha perturbado tanto el sueño, no sólo el tuyo, sino que en kilómetros a la redonda nadie puede dormir. Estamos decididos a hacer de todos un Buda .

Pregunta 1:

preguntó Maneesha:

NUESTRO QUERIDO MAESTRO,

OLVIDA EL YO - RECUERDA EL YO:

¿SON DOS CAMINOS DIFERENTES O EL MISMO DE ALGUNA MANERA?

Son lo mismo, sólo que con expresiones diferentes. Uno puede decir algo positivamente; otro puede decir lo mismo negativamente. Pero ambos dicen lo mismo. Recordando el yo, el yo desaparecerá. Cuanto más recuerdes, más descubrirás que no está ahí.

Olvidar el yo es lo mismo. Estás más allá de ti mismo; no te aferres a tu "yo", a tu ego, a tu personalidad. Deja de aferrarte a esta jaula, sal de ella y todo el cielo será tuyo. Extiende tus alas y vuela a través del sol como un águila.

En el cielo interior, en el mundo interior, la libertad es el valor más elevado, todo lo demás es secundario, incluso la felicidad, el éxtasis. Hay miles de flores, innumerables, pero todas son posibles en el clima de la libertad.

Antes de comenzar nuestra meditación, tengo que despertar a todos los que ya se han dormido.

Dodoski y Nerdski están en la cárcel local acusados de alteración del orden público y de embriaguez y alteración del orden público.

Esa tarde, el sargento Crapski lleva a los chicos a un gran campo para que realicen trabajos cívicos mientras cumplen sus condenas.

"De acuerdo", dice el policía. "Como te dije antes, puedes empezar a cavar esa zanja".

El agente les da una pala a cada uno, señala vagamente el terreno de tres hectáreas y se marcha.

Nerdski mira a su alrededor un rato, luego se vuelve hacia Dodoski y le dice: "¿Cavar qué zanja? No veo ninguna zanja".

... ¿Alguno de ustedes ve?

Nerdski se queda sin trabajo y se va a Beverly Hills. Va de mansión en mansión, ofreciéndose para hacer trabajillos. Finalmente, en una enorme finca, Nerdski llama a la puerta.

"¿Tienes trabajo que hacer?", pregunta.

"¿Qué se puede hacer?", pregunta el propietario.

"Soy muy buen pintor", responde Nerdski.

"¡Genial!", dice el hombre, entregándole un bote de pintura verde. "Puedes ir por detrás y pintar el porche de verde. Es bastante grande, así que probablemente te lleve todo el día".

Pero dos horas después, Nerdski vuelve a llamar a la puerta principal. "He terminado con ese porche", le dice al dueño.

"Vaya", dice el hombre. "Ha sido muy rápido".

"Para mí no hay problema", dice Nerdski con orgullo. "Soy un profesional".

"De acuerdo", dice el hombre. "Aquí tiene su dinero".

"Gracias", dice Nerdski y se da la vuelta para marcharse. "Por cierto", añade. "¡Eso no es un porche, es un Ferrari!".

Kowalski está de vacaciones en un pequeño pueblo de los Alpes italianos. Tras unas cuantas noches de soledad, empieza a sentir la necesidad de una mujer. Así que pregunta al camarero local cómo encontrar a las damas del pueblo.

"No tenemos prostitutas", responde el camarero. "El cura nunca lo permitiría. Pero lo que quieres es que no te vean".

"¿Qué tengo que hacer?" pregunta Kowalski.

El camarero explica que hay cuevas en las montañas. "Vayan allí cuando oscurezca", dice.

"Y gritar '¡Yoo-hoo!

en la cueva. Y si la señora llama de nuevo, ' Yoo-hoo ',

el precio.

Si está ocupada, no te contesta".

Esa noche, Kowalski va de cueva en cueva, pero sin suerte. Finalmente decide volver a la ciudad para emborracharse, pero al pie de la montaña encuentra una cueva que no había visto antes.

"¡Yoo-hoo, yoo-hoo!" gritan.

" Yoo-Hoo , Yoo-Hoo !" es la respuesta clara.

Así que Kowalski se precipita a la cueva... ¡y es atropellado por un tren!

Jimmy se pierde en el desierto con dos amigos, Billy y Sammy. Vagan durante dos días, casi muriéndose de sed, hasta que llegan a un convento.

Llaman a la puerta y responde la Madre Superiora.

"¡Agua, agua, por favor, dennos agua!", gimen.

"Oh, no", dice la monja. "Ya hemos tenido un hombre aquí. Si quiere venir a por agua, tiene que dejar que le cortemos la polla".

Los tres chicos huyen de nuevo al desierto. Pero dos días después piensan que morirán de todos modos, así que qué más da. Regresan al convento y dicen que aceptan la condición.

Los hacen entrar y la monja principal se lleva a Billy a otra habitación. Se oye un breve grito y luego la monja vuelve a por Sammy. Lo lleva a otra habitación y se oye otro grito más largo. Pero cuando vuelve a por Jimmy, éste está aterrorizado.

"¡Espera!", grita. "¿Cómo les cortaste la polla?"

"Es sencillo", dice la monja. "Les preguntamos cuál es su profesión. El primero es carnicero, así que lo cortamos con un cuchillo. El segundo es carpintero, así que lo vimos".

En ese momento, Jimmy empieza a reír histéricamente con lágrimas rodando por sus mejillas.

"¿Qué es lo que te hace reír?", pregunta la monja.

"Vas a tener problemas conmigo", se ríe Jimmy. "¡Trabajo para Helados Kwality!"

Ahora... todos están despiertos.

Nivedano ...

(Drumbeat)

(Rigmarole)

Nivedano ...

(Drumbeat)

Cállate...

cierra los ojos...

Sentir que estás congelado.

Entra.

Cuanto más profundo puedas hacerlo, más experimentarás tu naturaleza de Buda.

En el fondo, eres la última realidad -

inmortal, eterno, con todas las bendiciones que puedas concebir.

No pierda esta oportunidad.

Es lo más fácil del mundo entrar... porque es tu propia casa.

Ni siquiera es necesario llamar a las puertas.

De hecho, no hay puertas en el interior.

Es un espacio abierto, un cielo abierto.

Pero conocer este cielo abierto es darse cuenta del principio inmortal de tu existencia.

Más profundo, más profundo y más profundo...

Bebe este zumo de vida hasta la saciedad.

Y recuerda esta paz, este silencio, esta felicidad.

Alrededor del día, hagas lo que hagas, no lo olvides.

Como una corriente subterránea, deja que se quede ahí. Y poco a poco, lentamente, toda la estructura de tu vida cambiará.

Para hacerlo más claro - agudamente claro, Nivedano ...

(Drumbeat)

Relájate...

suelta...

como si hubieras muerto.

Un día lo harás.

Esto es sólo una prueba.

Deja el cuerpo, olvida la mente...

y muévete tan profundo como puedas, como una flecha... rápido, golpeando el centro mismo.

Este es el Buda.

Nivedano ...

Devoluciones.

Pero volved como budas, conociendo plenamente vuestro ser eterno.

Siéntate unos segundos para recordar el territorio que has recorrido, el centro que has tocado.

Deja que se convierta en tu respiración, deja que se convierta en el latido de tu corazón.

Ser un Buda es tan sencillo que no tienes que ir a ninguna parte.

Tienes que dejar de ir a ninguna parte y estar dentro de ti mismo.

¿De acuerdo Maneesha?

Sí, querido maestro.

¿Podemos celebrar los diez mil Budas?

Sí, querido maestro.

Vive un día como Buda

NUESTRO QUERIDO MAESTRO, DOGEN ESCRIBIÓ:

LA PRÁCTICA ES IDÉNTICA A LA EXPRESIÓN, Y VICEVERSA. EXPRESAR EL CAMINO TODO EL DÍA ES PRACTICAR EL CAMINO TODO EL DÍA. EN OTRAS PALABRAS, PRACTICAMOS ALGO IMPRACTICABLE Y EXPRESAMOS ALGO INEXPRESABLE...

LA VIDA DE CADA DÍA DEBE SER ESTIMADA; EL CUERPO DEBE SER RESPETADO. DE MODO QUE SI REALMENTE PODEMOS ALCANZAR LA FUNCIÓN DE BUDA INCLUSO EN UN DÍA, PUEDE DECIRSE QUE UN SOLO DÍA ES MÁS VALIOSO QUE INCONTABLES VIDAS OCIOSAS.

POR LO TANTO, ANTES DE HABER SEGUIDO EL CAMINO, NO DEBEMOS DESPERDICIAR NI UN SOLO DÍA. UN SOLO DÍA ES UN TESORO DEMASIADO PRECIADO PARA COMPARARLO CON UNA JOYA. LOS ANTIGUOS SABIOS LO CONSIDERABAN MÁS VALIOSO QUE TU CUERPO Y TU VIDA.

DEBEMOS CONSIDERAR CON CALMA QUE UNA JOYA FINA Y UNA GEMA RARA, AUNQUE SE PIERDAN, PUEDEN ADQUIRIRSE DE NUEVO, PERO QUE UN SOLO DÍA EN CIEN AÑOS DE VIDA, UNA VEZ PERDIDO, NUNCA VUELVE. POR MUY HÁBILES QUE SEAMOS, ES IMPOSIBLE RECUPERAR NI UN SOLO DÍA DEL PASADO. NINGÚN

LIBRO DE HISTORIA DICE QUE SEA POSIBLE...

¿POR QUÉ EL TIEMPO NOS PRIVA DE NUESTRA FORMACIÓN DIARIA Y PERMANENTE? ¿POR QUÉ EL TIEMPO NOS GUARDA RENCOR? ES, DESGRACIADAMENTE, PORQUE SIEMPRE HEMOS DESCUIDADO NUESTRA PRÁCTICA....

SIN ESPERAR EL MAÑANA EN CADA MOMENTO, DEBES PENSAR SÓLO EN ESTE DÍA Y EN ESTA HORA. PORQUE EL MAÑANA ES DIFÍCIL Y NO ESTÁ FIJADO, Y ES DIFÍCIL SABERLO, DEBES PENSAR EN SEGUIR EL CAMINO MIENTRAS VIVES HOY.... DEBES CONCENTRARTE EN LA PRÁCTICA ZEN SIN PERDER EL TIEMPO, PENSANDO QUE SÓLO EXISTE ESTE DÍA Y ESTA HORA. DESPUÉS DE ESO, SE HACE MUY FÁCIL. DEBES OLVIDAR LO BUENO Y LO MALO DE TU NATURALEZA, LA FUERZA O LA DEBILIDAD DE TU PODER.

Maneesha, antes de empezar a hablar de Dogen tengo que hacer algunas afirmaciones. Una es sobre el maestro zen Niskriya. Había caído tan bajo en Occidente que ayer le llamé Skinhead (cabeza rapada), en lugar de Stonehead (cabeza de piedra). Y había venido perfectamente vestido, como un maestro Zen. Hoy no lleva su túnica. No importa si te conviertes en un skinhead, aquí estás de nuevo Sekito - el Maestro Zen Stonehead. Así que córtate el pelo y ponte tu vestido de maestro Zen, con tu bastón - puede ser necesario en cualquier momento. Te he echado de menos durante mucho tiempo, aquí no había nadie para pegar a la gente. Y no deberías hacer tal cosa - dejarte crecer el pelo en una cabeza de piedra. Avergonzarte de ti mismo.

Puede que en Alemania nadie se haya dado cuenta, pero aquí todo el mundo lo notará: "¿Qué pasó con el maestro Zen Sekito?" Se perdió. Todo el mundo se pierde, sobre todo en Alemania, donde viven auténticos idiotas. Cayó desde las alturas de ser un maestro Zen hasta convertirse en un cabeza rapada.

DOGEN: EL MAESTRO ZEN

Aféitate la cabeza y sé tú mismo con tu bastón zen y tu túnica de maestro zen. Sigues siendo un buda. No importa que hayas viajado a Alemania, tu naturaleza de buda está intacta. Esa ha sido toda nuestra discusión sobre los sutras Dogen. Puedes incluso ir a Alemania, incluso convertirte en miembro del parlamento alemán -no puedes caer más allá de eso-, pero seguirás siendo un buda.

Y en segundo lugar, a Zareen. Lleva todo el día moviéndose por el ashram en bata para demostrar que sí, que parece un globo. Esperaba que fuera lo suficientemente valiente para venir así, pero ha vuelto en sari.

Un globo es precioso. Sólo hay que hacer unas ventanas aquí y allá para ver quién hay dentro. Es una gran mujer, y por eso no tuvo miedo. Todo el día todo el mundo hablaba del globo. Yo estaba sentado en mi habitación, escuchando todo tipo de chismes sobre su globo. Y aquí veo que está sentada con su vestido habitual, tan bonita.

El sari tiene una magia. Las personas que descubrieron el sari debían de ser muy estéticas. Querían que sus mujeres se parecieran a las estatuas de Khajuraho: redondas, llenas.

En Occidente, con la liberación de la mujer, surgió la idea de que una mujer tiene que parecer un hombre; hay que llevar pantalones. Esto demuestra un extraño hecho psicológico. Debido a su vestimenta, empezó a perder las curvas que siempre tuvo en el pasado, incluso en Occidente. Empezó a convertirse en una línea recta y plana.

Al ver a una mujer occidental en pantalones y camisa, con un cigarrillo en la mano, hay que pensar por un momento si es una mujer o un hombre. Ese tipo de confusión nunca se produce en Oriente.

Una mujer es una mujer, un hombre es un hombre. Y la mujer no tiene que imitar al hombre; de lo contrario, se destruirá a sí misma. Tiene que ser ella misma. No es inferior, sólo es diferente.

El movimiento de liberación se equivoca. No se trata de igualdad. No es necesaria la igualdad entre dos cosas diferentes. Una mujer tiene su propia singularidad, no tiene que imitar al hombre. Y por imitación, recuerda, ni siquiera serás una mujer, sólo serás un hombre de segunda.

El sari da a la mujer india cierta libertad para hacer crecer sus curvas. Es más explorable. En la mujer occidental, ¿qué vas a explorar? Es tal como es con la ropa puesta. Pero la mujer india es totalmente diferente. Te sorprenderás... Tiene algo interesante escondido detrás del sari. Es un gran invento.

Pero no imites porque entonces parecerás muy raro. Sólo piensa en Zareen en pantalones y camisa; se convertiría en el animal más extraño de los alrededores. Ahora mismo está muy guapa.

Pero siempre hay un deseo de estar en los vestidos de los demás, en los estilos de vida de los demás. Y no sabes que así es como te pierdes y olvidas el camino a casa. Nunca, ni por un momento, seas imitativo. Sé tú mismo. Y no sólo seas tú mismo; Dogen dice: "Respétate a ti mismo. Respeta tu cuerpo".

Estas son las cosas bellas que el Zen ha aportado a la historia de la humanidad, particularmente en la historia de la conciencia.

DOGEN ESCRIBIÓ:

LA PRÁCTICA ES IDÉNTICA A LA EXPRESIÓN, Y VICEVERSA.

Este es un hombre real; lo que en el lenguaje Zen se llama el hombre original. Su práctica es idéntica a su expresión. No hay dos personas en él, sólo hay una única individualidad.

En el silencio, es lo mismo. En la expresión, en la manifestación -en cualquier forma posible- sigue siendo lo mismo.

Levantando la mano, soy tan Buda como sin levantarla.

LA PRÁCTICA ES IDÉNTICA A LA EXPRESIÓN, Y VICEVERSA. Pero esto no es cierto del hombre que ha llegado a existir en este mundo contemporáneo. Dice algo, piensa algo, quiere algo; en realidad quiere otra cosa. Es sólo una confusión. El hombre moderno es un Buda confundido. No sabe que para serlo tiene que quitarse muchas máscaras. Todas estas máscaras son para engañar a la gente, para crear cierta respetabilidad, una reputación.

Pero en el fondo eres deshonesto. No hay nada malo en ser deshonesto, pero entonces exprésalo y sé claro: "Pero no soy un hombre honesto, no confíes en mí". Y sentirás una cierta libertad que nunca has conocido. Cuando tu expresión y tu ser son uno, tienes todo el cielo como tu libertad. De lo contrario, uno está atado a sus mentiras.

Se dice de George Gurdjieff... Para explicar a sus discípulos, desarrolló una cierta técnica. Podía reír con la mitad de su cara, y al mismo tiempo podía estar triste con la otra mitad. Es muy difícil, no sé cómo lo hacía. Pero había vivido con tribus muy antiguas en Turkestán, en las zonas más atrasadas de la Unión Soviética, donde la gente sigue siendo tan primitiva como se puede concebir. Su padre murió pronto, así que tuvo que vivir primero con una tribu y luego con otra. Sólo tenía nueve años, pero empezó a aprender, porque esas tribus roban, tocan música, hacen magia, curan a la gente. Son gente que se mueve; no tienen casas, ni estabilidad. Les gusta viajar, son vagabundos.

Pero convirtió esto en una gran oportunidad para aprender todos sus trucos. Uno de sus trucos consistía en partirse la cara en dos. Y mientras enseñaba a sus alumnos, de vez en cuando hacía ese truco. Alguien se sentaba a su lado derecho y otro a su lado izquierdo; y en un lado estaba muy enfadado, y en el otro muy cariñoso y pacífico. Y ambos se informan mutuamente de lo que ocurre. Uno dice que es muy cariñoso y muy pacífico. El otro dice: "¿Pacífico? Parece muy peligroso, violento, asesino. Me miró con una mirada que no olvidaré en meses".

Cuando se lo decían, Gurdjieff decía: "Esto es lo que quiero que entiendas: el hombre moderno tiene muchas caras".

Deberías mirar. Cuando conoces a tu mujer y le dices "cariño", ¿lo dices en serio? "Mi amor", ¿lo dices en serio? Cuando dices esas palabras, ¿recuerdas a alguna otra mujer? Por desgracia, tienes que decir esas palabras a la mujer que quieres matar. Pero tampoco eres tan valiente. Cuando ves a tu sirvienta, ¿tienes la misma cara que cuando ves a tu jefe? Observa los cambios en tu cara. No sois una unidad, integrada.

No importa si las nubes van y vienen, si son blancas o negras. La luna sigue brillando igual. Las nubes van y vienen, no dejan ningún rasguño en la luna.

Pero cada nube -es decir, cada máscara que llevas- deja sus marcas en ti.

He visto a gente reír, pero veo que están casi a punto de llorar. Ocultan sus lágrimas tras una sonrisa falsa. Y la gente también hace lo contrario.

Yo vivía con uno de mis parientes. Un pariente lejano de mi pariente había venido a tratar a su mujer. La mujer murió y, naturalmente, mis parientes tuvieron que mostrar todo tipo de luto. En realidad, no les importaba en absoluto. De hecho, se alegraban de que se hubiera ido porque, con ella, toda la familia sufría innecesariamente. Cuando murió, su marido regresó a su pueblo, pero la gente solía venir a casa. Era sólo una conformidad, una pauta social, para mostrar su simpatía.

Así que la mujer de la casa estaba en apuros, porque cuando no tienes lágrimas... es muy difícil. Y cada día puede pasar diez veces.

Solía quedarme en el jardín. Me dijo: "Ten una campana aquí contigo".

Le dije: "¿Para qué?".

Me dijo: "Cada vez que venga alguien, toca la campana. Entonces bajaré mi ghoonghat y lloraré. Es falso, pero ¿qué otra cosa puedes hacer?".

El sari también tiene esa gran cualidad. Puedes dejar tu ghoonghat... puede que por dentro no estés llorando pero puedes fingir que estás sumida en una inmensa tristeza y miseria.

Le dije: "Es una gran estrategia. Pero ten cuidado conmigo".

Ella respondió: "¿Qué quieres decir?".

Le dije: "Puedo llamar al timbre de la persona equivocada".

Ella dijo: "No, no debes hacer eso. Me han acosado, torturado, durante meses cuidando de esta mujer, que no era más que una pariente lejana". Pero en India, los parientes lejanos siguen siendo parientes.

A veces no sabes cuál es el parentesco de una persona, pero tienes que ocuparte de ella si afirma que lo es. Uno de tus primos...

Le dije: "No te preocupes".

Yo solía quedarme dentro de la casa. Cuando llegaba alguien, simplemente tocaba el timbre y ella bajaba inmediatamente su ghoonghat. No existe una palabra para ghoonghat en inglés, es parte del sari. Pero todos entendéis lo que es. Significa bajar un poco la tienda para que la cara quede oculta, para que nadie pueda ver lo que realmente pasa por tu cara. Y se puede fingir cualquier cosa.

Así que durante unos días me las arreglé. Un día vino su marido y llamé al timbre. Fue tan gracioso que aún hoy no puedo olvidarlo. Ella bajó la tienda y empezó a llorar como si alguien hubiera muerto. El marido dijo: "¿Se ha vuelto a morir alguien?".

Miró a través del ghoonghat y, al ver que era su marido, dijo: "No, es... Sabía que me iba a engañar en algún momento, pero nunca pensé que te sorprendería. ¿Dónde está?"

Ambos salieron y ella dijo: "Esto no está bien. Mi marido no viene a casa a compadecerse ni a llorar".

Le dije: "Parecía tan triste que pensé que alguien debía de haber muerto. Y es mejor hacerle saber que su marido parece muy triste. No es el momento de querer una palabra amable; es el momento de llorar y llorar con él".

El marido dijo: "¿Cómo que parecía triste?".

Le dije: "No me provoques. Por naturaleza, tu cara es tal que parece que alguien ha muerto. No suelo decir eso, porque ¿para qué? No eres responsable. Esta es la cara que tienes".

Me dijo: "¿De verdad, parezco tan triste?".

Le dije: "Puedes preguntarle a cualquiera. Puedo traer algunos testigos del barrio. Todo el mundo sabe que estás muy triste, muy serio y preocupado".

No hace falta que traiga a los vecinos", dijo, porque sabía que convencería a unos cuantos. "Intentaré mejorar mi cara. Intentaré de vez en cuando reír, sonreír".

Le dije: "No es cuestión de intentarlo. En primer lugar, aféitate el bigote. Tienes un extraño bigote que te hace parecer un payaso".

Me dijo: "Vives en mi casa y siempre creas problemas. Ahora, me encanta mi bigote, no puedo afeitármelo".

Le dije: "Depende de ti. Pero esto es lo que hace que tu cara parezca tan triste. Consíguete un bigote falso. Póntelo siempre que quieras un bigote, pero este bigote no te servirá". Ciertamente tenía un bigote que le caía por toda la cara.

Pero todo el mundo tiene diferentes tipos de rostros, y se ha convertido casi en un proceso autónomo; no tienen que cambiar. Basta con ver a un hombre caminando con su mujer para saber con quién está caminando. No tienes que preguntar: "¿Estás casado?". Y míralo con su novia y de nuevo no tienes que preguntar. Sólo sus caras, con tanta libertad, alegría - momentánea, pero incluso un fenómeno momentáneo les hace felices, cambia sus caras.

Un buscador, según Dogen, tiene que recordar su integridad. En cada situación, su práctica y su expresión deben ser idénticas.

EXPRESAR EL CAMINO TODO EL DÍA ES PRACTICAR EL CAMINO TODO EL DÍA.

PARA EXPRESAR EL CAMINO TODOS LOS DÍAS.... Os he dicho que todos sois Budas. Lo aceptáis a regañadientes. En el fondo, sabéis quiénes sois. Alguien es médico, alguien es abogado, alguien es un rickshaw walla. "¿Un Buda tirando de un rickshaw? Dios mío, esto nunca ha sucedido". Pero porque lo estoy diciendo, y me amas, y confías en mí, dices: "De acuerdo". Ahora mismo, al menos dentro de la Sala de Buda, no se te permitirá llevar tu rickshaw o bicicleta alquilada.

¿Qué hay de malo en ser un Buda? Pero una vez fuera de la habitación empiezas a tener dudas: "¿Adónde voy? ¿Soy un Buda? ¿Qué hago fumando un cigarrillo?". Ahora piensa: ¿un Buda fumando un cigarrillo? Inconcebible.

Si quieres conocer tu ser esencial, tienes que expresarlo todo el tiempo, todo el día, en cada mínima expresión. No importa: aunque estés tirando de un rickshaw, puedes hacerlo con profunda compasión, con amor, con respeto por el pasajero, con cuidado por las demás personas que circulan.

La budeidad es sencilla y al mismo tiempo muy complicada. Es muy fácil sentarse bajo un árbol bodhi en la posición del loto y declarar al mundo: "Soy un Buda". Lo real es cuando estás sentado junto a tu mujer, temiendo constantemente: "Nunca se sabe cuándo vas a empezar a dar la lata".

Cuando ayer te contaba la historia del "Nag, nag, nag", Miyah Farookh tiraba del sari de Zareen, cada nag le recordaba: "Sólo sé lo que has estado haciendo toda tu vida".

Es un niño único. Es una pena que se pierda estos dos días, de lo contrario habría disfrutado. Cuando, en un cuento, el sol le dijo a Mijail Gorbachov: "Ahora estoy en Occidente, ¡que te jodan!".

Rodó por el suelo. Comprendió que esto es grande. Y cuando estaba contando una historia sobre un abogado -que es un león en el tribunal-, incluso antes de que pudiera decirlo, le oí decir en silencio: "En casa es una rata". Pero todos los maridos están en la misma situación.

Necesitamos un mundo... un hombre nuevo, una mujer nueva, un niño nuevo, que tenga inteligencia. No para imitar, no para engañar, sino para valerse por sí mismo con poder e integridad. Aunque eso signifique que será condenado por todo el mundo, no importa. Lo que importa en última instancia es que tiene su propio rostro.

EN OTRAS PALABRAS, PRACTICAMOS ALGO IMPRACTICABLE Y EXPRESAMOS ALGO INEXPRESABLE.

Recuérdalo. Cuando riegues el rosal, recuerda que su belleza, sus flores, su verdor son tan profundos, pero inexpresables. Nunca olvides que esta experiencia de la belleza es tan inexpresable como la experiencia de tu propio ser. Si observas, encontrarás en tu vida, a cada momento, cosas inexpresables. Simplemente te has acostumbrado. Tu habituación es sólo un olvido.

Sócrates recordó en el último momento de su vida: "No sé nada. Que las generaciones futuras recuerden que yo no sabía".

Fue proclamado por el Oráculo de Delfos como el hombre más sabio de todo el mundo. Las personas que habían escuchado el oráculo fueron a Sócrates con gran alegría para contarle lo que el oráculo había dicho. Sócrates dijo: "Por favor, ve y dile al oráculo que esta vez el oráculo estaba equivocado. Que yo sepa, no sé nada".

El pueblo estaba triste. Volvieron a Delfos y contaron al oráculo lo que había dicho Sócrates. "Él dice: 'No sé nada de nada', y vosotros le llamáis el hombre más sabio del mundo".

El oráculo se rió y dijo: "Precisamente por eso le llamo el hombre más sabio del mundo, porque ha llegado al punto de saber que no sabe nada".

Sólo en este espacio tu potencialidad florece en su totalidad. No es conocimiento - es tan profundo que puedes llamarlo latido del corazón, o, quizás más profundamente, puedes llamarlo el latido del corazón del universo mismo.

Pero no puede llamarse conocimiento. Y no hay forma de expresarlo.

Si puedes recordar esto en tus asuntos diarios... ¿Crees que conoces a tu hijo? ¿Lo has pensado alguna vez; que tu hijo ha venido a través de ti pero es un misterio que viene del más allá?

No puedes poseerla. Puedes cuidar de esta misteriosa expresión de la vida, puedes amarla.

Pero no debes condicionarlo, no debes llevarlo a la iglesia o a la sinagoga o al templo para iniciar el proceso de condicionamiento que destruye su inocencia y le roba su autenticidad.

He oído hablar de un rabino y un obispo. Vivían uno al lado del otro y ambos eran muy competitivos. Tenían que serlo, para convencer a sus congregaciones: "¿Quién es más grande?" Un día, el rabino miró por encima de la valla y no podía creer lo que veía. El obispo estaba echando agua a un Cadillac.

Me dijo: "¿Qué haces?".

El obispo dijo: "Voy a dar a mi nuevo cadillac la ceremonia cristiana: el bautismo. Tú no sabes de estas cosas".

El rabino se sintió muy humillado. Al día siguiente encontró un Rolls Royce. No se trataba sólo de él, sino de su religión. Cuando el obispo estaba en su jardín, salió con unas tijeras de jardinería y empezó a cortar el tubo de escape. El obispo se sorprendió. Le dijo: "¿Qué haces? Un Rolls Royce nuevo y lo estás destrozando".

El rabino le dijo: "Tú no entiendes estas cosas. Esto se llama circuncisión. A partir de ahora este Rolls Royce es judío".

Eso es lo que hacemos incluso con los seres humanos. No permitimos que un niño sea él mismo. Y esa es la causa de toda la miseria del mundo: que nadie sea él mismo. Todo el mundo imita a otro, todo el mundo se ha convertido en un calco de otro, todo el mundo es casi como un disco rayado que se ha utilizado durante siglos. Nadie tiene novedad, frescura, originalidad propia.

Recuerda, cuando veas a un niño, que es tan inexpresable como tú. Cuando veas un pino, no lo olvides.

Esto es lo que Dogen quiere decir... practica la verdadera religión; recuerda en cada acción, pensamiento, silencio, siempre, que es inexpresable, que es misterioso; que vivimos en un mundo milagroso. Todas nuestras explicaciones son sólo consuelos. Nada se explica, ni por la ciencia ni por la religión. Durante miles de años la religión ha intentado engañar a la gente dándoles explicaciones sobre la creación del mundo, sobre Dios: cómo creó el mundo en seis días, cómo arrebató el paraíso al hombre y a la mujer. A menos que seas muy retorcido contigo mismo, nunca se te permitirá volver al jardín. Y la gente lo creyó, la gente lo ha cumplido.

Las distintas religiones han propagado diferentes supersticiones. Ahora, poco a poco, la ciencia ha venido a ocupar el lugar de la religión. Pero, ¿sabes que toda explicación científica es momentánea?

Lo que se dice hoy puede no decirse mañana. Cada investigación es más profunda y las viejas explicaciones quedan desfasadas. Se descubre que antiguas medicinas que se creía que ayudaban a la gente la perjudican. Pero mientras continuaron las supersticiones, todo el mundo creyó, incluso los médicos creyeron.

Esto se aplica a lo que crees incluso hoy, porque mañana puede que no sea lo mismo. Ahora estamos llenos de supersticiones científicas. La ciencia no ha cambiado el ser del hombre. Igual que la religión ha fracasado, la ciencia no te ha recordado que todo es un gran misterio. El propio esfuerzo por encontrar una explicación es erróneo: simplemente ámalo, vívelo, báilalo. No pierdas el tiempo buscando explicaciones.

Esta es la actitud zen.

HAY QUE ESTIMAR LA VIDA DE CADA DÍA; ¿Alguna vez has estimado tu vida? ... EL CUERPO DEBE SER RESPETADO.

¿Respetas a tu cuerpo? Te ha servido durante setenta años sin ningún salario, sin hacer huelga, sin celebrar una morcha -marcha de protesta- contra ti. Pero ni siquiera ha pensado que se merece un poco de respeto, que su cuerpo debe ser valorado.

ASI QUE SI REALMENTE PODEMOS ALCANZAR LA FUNCION DE BUDA INCLUSO EN UN DIA, SE PUEDE DECIR QUE UN SOLO DIA ES MAS VALIOSO QUE INCONTABLES VIDAS OCIOSAS.

Por eso digo que, cada noche, estos pocos momentos son los más valiosos de tu vida. Y cada noche, cuando tantos Budas vivientes se reúnen aquí, este lugar se convierte en el más importante de todo el mundo: la capital espiritual del mundo. Porque en ningún lugar hay tanta gente meditando junta. En ningún lugar hay tanta gente cavando tan hondo para encontrar la fuente misma de la vida, la eternidad, la inmortalidad.

Doge tiene razón. Incluso si podemos vivir un día, sólo veinticuatro horas, como un Buda -recordando continuamente que cada una de nuestras acciones debe reflejar a un Buda-, ese único día se convierte en algo más valioso que miles de vidas. Y si puedes hacerlo durante un día, ¿quién te impide hacerlo todos los días? Si puedes ser un buda aquí, ¿por qué no puedes serlo en otro lugar? Se trata simplemente de estar alerta, de respetar la existencia, de amar; de estar completamente contento con las flores, con los pájaros, con los árboles, con las estrellas. Se te da un universo tan tremendo y nunca le prestas atención. Nunca le das ninguna gratitud. Toda la belleza de la existencia está a tu disposición, y tú estás leyendo un periódico amarillo de tercera categoría que lees desde por la mañana. Y como no tienes otra cosa que hacer, empiezas a leerlo de nuevo.

Sucedió que al lado de mi casa vivía un jubilado senil, al que todos creían loco menos yo. Era muy amable conmigo. Su única afición era el periódico, y como me llegaban muchos periódicos, venía todas las mañanas; a veces, cuando yo ni siquiera estaba despierto, llamaba a la puerta. Y yo le daba cualquier cosa -revistas de hace diez años- y él decía: "Gracias".

Me sorprendió. Le dije: "Sabes perfectamente que esta revista tiene diez años".

Me dijo: "¿Qué importa? Es nuevo para mí, no lo había leído antes. La gente piensa que estoy loco. ¿Creen que estoy loco?"

Le dije: "Por supuesto que no, tu argumento es absolutamente correcto. Para ti no tiene diez años, está fresco, porque no lo has leído".

Pero me recordaba que lo único que le preocupaba eran los periódicos. En un día venía dos o tres veces a preguntarme: "¿Ha llegado algo nuevo? ¿El periódico de la tarde?".

Le pregunté: "¿El periódico es el mundo entero?"

Me dijo: "¿Qué otra cosa puedo hacer? Estoy jubilado de mi trabajo. La gente piensa que estoy loco, así que no tengo vida social. La gente me evita. Tú eres la única persona que habla conmigo, que me respeta, que me acepta como ser humano. ¿Y qué más hay? Sólo espero la muerte".

El día que me dijo: "Sólo espero la muerte", empecé a pensar en el mundo entero: ¿qué estáis haciendo? Alguien dirige un negocio, alguien acumula dinero, alguien se hace más poderoso en política.

Pero, ¿comprendes que te acercas a la muerte? A cada momento la muerte se acerca más y más. ¿Y has reunido algo que puedas llevarte contigo cuando mueras?

Excepto para la meditación, no puedes llevarte ninguna de tus posesiones contigo. Todo lo que está fuera de ti quedará atrás. Sólo la llama interior... si la has encontrado, si has tomado conciencia de ella, entonces no hay muerte para ti. Pero si no eres consciente de ella, también pensarás, como piensan los demás, que estás muerto.

Es simplemente una cuestión de pensamiento. Si te conoces exactamente, nunca estás muerto. Pero nunca entras en tu interior. Simplemente has olvidado que hay un vasto espacio esperándote, y ese es tu verdadero hogar. Todos nuestros esfuerzos aquí en esta Sala de Buda son esfuerzos para que conozcas de nuevo tu verdadero hogar, que no será quemado en una pira funeraria, que permanecerá por la eternidad, en diferentes formas o en ninguna forma. Esa es tu budeidad.

Pero para que sea un recuerdo constante hay que trabajar una cierta disciplina. La disciplina es sencilla: recordar siempre que todo es un milagro, que todo es inexpresable. Todo este mundo es tan misterioso que no es necesario leer novelas policíacas ni ir a ver películas.

Si puedes comprender este silencio, te encantará encontrar espacios donde poder estar en silencio una y otra vez. Si puedes tocar las aguas de la vida dentro de ti, te encantará... a lo largo del día, siempre que puedas encontrar un momento, tomando el té... te encantará mirar dentro, para ver si esas aguas de la vida siguen fluyendo . Uno se acostumbra poco a poco a la eternidad de uno mismo.

Pero lo sepas o no, está ahí.

UN SOLO DÍA ES UN TESORO DEMASIADO PRECIOSO PARA COMPARARLO CON UNA JOYA FINA. LOS ANTIGUOS SABIOS LO ESTIMABAN MÁS QUE SU CUERPO Y SU VIDA.

DEBEMOS CONSIDERAR SERENAMENTE QUE UNA JOYA FINA Y UNA GEMA RARA, AUNQUE SE PIERDAN, PUEDEN ADQUIRIRSE DE NUEVO, PERO QUE UN SOLO DÍA EN CIEN AÑOS DE VIDA, UNA VEZ PERDIDO, NUNCA VUELVE.

Recuerda que ni un solo instante volverá a tus manos. Lo que se ha ido, se ha ido para siempre.

Sácale todo el jugo a cada momento. El momento desaparecerá, pero el jugo, la experiencia, el misterio, su fragancia te rodearán. Y cada día será más profundo, más denso. Llegará un día en que no tendrás miedo de declarar que eres un Buda.

Vendrá por sí solo, espontáneamente; un relámpago repentino y dirás: "Dios mío, ¿qué he estado haciendo hasta ahora? Soy un Buda y todo este universo es mi hogar. Tanto como yo lo necesito, él también me necesita".

Formamos parte de un tremendo misterio.

POR MUY HÁBILES QUE SEAMOS, ES IMPOSIBLE RECUPERAR NI UN SOLO DÍA DEL PASADO. NINGÚN LIBRO DE HISTORIA DICE QUE SEA POSIBLE.

¿POR QUÉ EL TIEMPO NOS PRIVA DE NUESTRA FORMACIÓN DIARIA Y PERMANENTE? ¿POR QUÉ EL TIEMPO NOS GUARDA RENCOR? ES, DESGRACIADAMENTE, PORQUE ALGUNA VEZ HEMOS DESCUIDADO NUESTRA PRÁCTICA.

SIN ESPERAR EL MAÑANA EN CADA MOMENTO, DEBES PENSAR SÓLO EN ESTE DÍA Y EN ESTA HORA. PORQUE EL MAÑANA ES DIFÍCIL Y NO ESTÁ FIJADO, Y ES DIFÍCIL DE CONOCER, DEBES PENSAR EN SEGUIR EL CAMINO MIENTRAS VIVES HOY.

De hecho, el mañana no es seguro: puede llegar, puede no llegar. Los que saben han llegado a decir que el mañana nunca llega. Lo que llega es siempre hoy. Así que haz lo que quieras hacer ahora mismo.

Agarra tu fuente de vida porque mañana puede ser demasiado tarde. Demasiado tarde.

DEBES CONCENTRARTE EN LA PRÁCTICA ZEN SIN PERDER EL TIEMPO, PENSANDO QUE SÓLO EXISTE ESTE DÍA Y ESTA HORA. DESPUÉS DE ESO, SE VUELVE MUY FÁCIL. DEBES OLVIDAR LO BUENO Y LO MALO DE TU NATURALEZA, LA FUERZA O LA DEBILIDAD DE TU PODER.

Simplemente acepta como eres, y disfruta y saborea y canta y baila como eres. La aceptación es gratitud hacia la existencia. Cualquier cosa que no aceptes significa que estás culpando a la existencia. En todas tus oraciones y en todas tus casas de oración, ¿qué estás haciendo? Le estás pidiendo a Dios, como un mendigo: "Dame esto, dame aquello". No confías en la existencia, exiges. Exigir no es una cualidad de la conciencia religiosa. De ahí que la verdadera religión no tenga forma de rezar. Simplemente vive, y vive de tal manera que la vida misma se convierta en gratitud.

Un haiku de Choshu:
LA LUNA EN EL AGUA;
ROTO Y VUELTO A ROMPER,
AÚN ASÍ, ESTÁ AHÍ.

Es casi increíble cómo han dicho las cosas los poetas zen. Ningún otro idioma ha sido capaz de alcanzar tales alturas. Lo que Choshu está diciendo:
LA LUNA EN EL AGUA;
ROMPER Y VOLVER A ROMPER

... porque cada vez que viene el viento, viene una ola, la luna se rompe en mil pedazos. Pero de nuevo el lago se queda en silencio y todos los pedazos rotos por todo el lago empiezan a juntarse de nuevo. Como es un reflejo, la luna nunca se rompe, es sólo el reflejo el que se rompe. Y como la luna nunca se rompe, no importa que su reflejo se rompa mil veces.

Todos nuestros cuerpos, todas nuestras mentes, todas nuestras vidas no son más que reflejos de la luna real... rota mil veces. Sin embargo, en el fondo, la luna es tan llena y perfecta como siempre.

Isa escribió:

EL RUISEÑOR MÁS JOVEN
PUEDES ALEGRARTE
LLAMA A TUS PADRES EN UN
VOZ.

No hay que preocuparse por lo que se dice; estas palabras son muy indicativas. Issa debía de estar en profunda meditación y oyó al ruiseñor alegrarse y llamar a sus padres con voz amarilla. No está diciendo nada sobre el ruiseñor, está diciendo algo sobre su silencio.

Cuando estés en silencio y un cuco en los bambúes empiece a cantar, profundiza en tu silencio.

Y otro poeta:

CUALQUIER COSA QUE NOS PONGAMOS,
NOS VEMOS HERMOSOS,
AL VER LA LUNA.

No cabe duda de que la luna lo embellece todo. En una noche de luna llena ves que la belleza se extiende por todas partes, incluso a las plantas corrientes. Las flores corrientes brillan de alegría. Pequeños charcos de agua reflejan la luna llena tan profundamente como el océano más grande.

Así que no importa qué cuerpo tengas; si hombre o mujer, pájaro o animal; si eres pobre o rico. En un espacio silencioso, con sólo mirar a la luna te llenas de una tremenda belleza.

Esa belleza surge en tu mundo interior. La luna simplemente la desencadena.

Pregunta 1:

preguntó Maneesha:

NUESTRO QUERIDO MAESTRO,
LAS IMÁGENES A MENUDO SURGEN POR SÍ SOLAS

DURANTE LA FASE DE HABLA Y MUERTE DE LA MEDITACIÓN, Y HACEN QUE LO QUE ESTÁ SUCEDIENDO SEA MÁS FUERTE Y VÍVIDO. ¿PUEDE AYUDAR LA VISUALIZACIÓN O, POR SER MERA IMAGINACIÓN, ES INÚTIL?

Maneesha, es absolutamente inútil. No se debe permitir ninguna ondulación. El silencio debe ser absolutamente puro. Cualquier visualización será una perturbación, cualquier pensamiento te distraerá de tu ser. Así que lo digo categóricamente: todo es inútil mientras meditas. La meditación te lleva en una dirección diferente, no de utilidad sino de existencia. Y toda tu visualización será del mundo que conoces, no puedes visualizar algo que no conoces. Y no conoces tu propio ser, no conoces el cielo interior, así que no puedes visualizarlo. Y una vez que lo conoces, no hay necesidad de visualizarlo, está en tus manos. Ya no eres pobre, te has convertido en la persona más rica del mundo, sin tener nada.

Tal vez la meditación sea la única alquimia capaz de transformar a un mendigo en emperador.

Antes de convertiros en emperadores, antes de volver a ser budas esta noche, debéis recordar un poco el ayer. Ya conocéis el camino. Cada día tenéis que ir un poco más lejos, un poco más profundo.

Unas risas para que no te pongas serio....

Me acusan por todo el mundo, en artículos, de que no soy un hombre serio. Creen que me están condenando; es un cumplido. No entienden que, para mí, la seriedad es una enfermedad.

Y no ser serio, ser juguetón, tomarse todo como diversión es, según yo, la única religiosidad auténtica.

Millicent Money-Butt es una mujer muy rica y muy frustrada. Hoy está especialmente irritada porque hace semanas que ni su marido, ni su chófer, ni su mozo de cuadra, ni nadie le hace el amor. Decide que necesita mover sus energías y llama a su mayordomo, James, para que le prepare un baño caliente.

James llama a la puerta en silencio y entra en su habitación. Millie se vuelve hacia él despacio y le dice: "James, por favor, quítame el vestido".

"Sí, señora", dice el mayordomo, con cara de vergüenza.

"Ahora, James", dice Millie, "por favor, quítame el sujetador".

"Sí, señora", dice sorprendido el mayordomo.

"Y ahora, James", dice con fuego en los ojos, "por favor, quítame las bragas".

Luego, acercándose a él, le ordena: "James, la próxima vez que te pille con lo puesto, te despido".

Jablonski se casa, pero no sabe qué hacer con su novia la noche de bodas. Así que al día siguiente acude al Dr. Gas-Bag en busca de consejo.

"Es fácil", dice Gas-Bag, y conduce a Jablonski hasta la ventana. Señala a dos perros follando en la calle y dice: "Hazlo así".

Una semana después, Jablonski regresa. "Bueno", pregunta el médico, "¿cómo ha ido?".

"Genial, Doc", dice Jablonski con orgullo. "Fue sencillo, nada especial. El único problema fue sacar a mi mujer a la calle".

Olga y Kowalski viven en un apartamento de Los Ángeles cuando una joven pareja se muda al piso de arriba. Pronto, todas las noches, los polacos oyen el ruido "¡She-BOOM! She-BOOM!" procedente del piso de arriba.

A Olga le intriga el ruido y un día le pregunta a la joven qué es.

"Ah, eso", responde la mujer. "Hemos instalado un tobogán en nuestro dormitorio. Yo me tumbo en la parte de abajo con las piernas separadas, y mi marido se desliza hacia abajo... Ella... ¡BOOM!"

Pasan unos días y la joven no ve a los Kowalski por aquí. Se entera de que Olga está en el hospital y va a visitarla.

"¿Qué te ha pasado?", pregunta.

"Es una historia triste", responde Olga. "A mi marido y a mí también nos instalaron un tobogán en el dormitorio, pero sólo pudimos probarlo una vez. Ya me han operado tres veces y aún no han encontrado a Kowalski".

Kronski va a alistarse en el ejército, así que va a visitar a su novia, Dilda, para despedirse.

"Oh cariño," grita Dilda. "¡No tengo una foto tuya!"

Así que Kronski busca en sus bolsillos y lo único que tiene es una foto suya de pie y desnudo. Corta la foto en dos y le da la mitad superior.

Luego va a visitar a su anciana abuela para despedirse.

"Oh querido niño," dice su abuela. "No puedes irte sin darme una foto tuya".

Kronski no sabe qué hacer, pero recordando que su abuela es medio ciega, le da la mitad inferior del cuadro. Ella la mira encantada y dice: "Igualito que tu abuelo, que en paz descanse. Bonita barba tupida, y su corbata siempre colgando a un lado".

Ahora... Nivedano...

(redoble de tambores)

(Rigmarole)

Nivedano...

(Golpe de tambor)

Silencio,

cierra los ojos,

sentir como si tu cuerpo estuviera congelado,

y recoge toda tu conciencia hacia dentro,

cada vez más profundo.

En el fondo eres Buda.

y este buda

tiene que convertirse en toda tu vida.

Todas las expresiones, acciones,

tienen que surgir de este centro.

Este centro es el centro de la transformación.

Todos los buscadores lo han buscado

a lo largo de los años.

Así se hacía antes.

DOGEN: EL MAESTRO ZEN

Por este camino
miles se han despertado.
No hay más barrera que el miedo
El miedo a lo desconocido.
Déjalo estar.
Sólo tienes que correr hacia él sin ningún miedo -
es tu propio ser.
No conocerás a nadie más
en el camino ...
no es una cuestión de miedo.
Este momento, esta noche,
es bendecido por diez mil budas
que han vuelto a casa.
Nivedano...
(Golpe de tambor)
Relájate... déjate llevar...
morir al cuerpo,
A la mente,
así que sólo una conciencia palpitante
dejado atrás.
Ese eres tú.
Ese soy yo.
Esa es la esencia misma de la existencia.
Sólo una pequeña muestra de este silencio,
una pequeña experiencia de esta belleza,
de esta verdad,
y poco a poco toda tu vida
transformará
sin que tú lo sepas.
Sus acciones
empezar a expresar su Budeidad,
su compasión,

DHAMMA BUDDHA

tu amor, tu belleza
Nivedano...
(Golpe de tambor)
Llama a todos los budas a la vida.
Siéntate unos momentos...
recogiendo la inmensa experiencia,
asegurándose de ello,
que lo tienes
Porque hay que vivirlo.
No soy filósofo.
Y no soy sacerdote.
Soy un hombre tremendamente enamorado
con la vida y la existencia.
Todo lo que quiero compartir contigo
es solo para que lo sepas
que si puedo convertirme en un Buda,
no hay ninguna razón por la que no puedas hacerlo.
Sólo tenemos cuerpos diferentes
pero todos tenemos la misma alma.
Si mi alma se ha incendiado,
que me ha dado autoridad para decirte
que también puede convertirse en un incendio.
Y este fuego es eterno.
Recuérdalo en cada acción,
en cada expresión.
Recuerda que no debes comportarte de ninguna manera
que será embarazoso para un Buda.
Esta pequeña disciplina te dará
a las mejores cualidades de tu ser,
a su floración.
¿De acuerdo Maneesha?
Sí, querido maestro.

DOGEN: EL MAESTRO ZEN

¿Podemos celebrar diez mil budas
¿y tu noche?
Sí, querido maestro.

43

profundizar un poco más

NUESTRO QUERIDO MAESTRO, DOGEN DIJO:

EN LA PRÁCTICA DE LA MÁS ELEVADA SABIDURÍA SUPREMA, ES MUY DIFÍCIL ENCONTRAR MAESTROS DESTACADOS. YA SEAN HOMBRES O MUJERES, DEBEN SER AQUELLOS QUE HAN HECHO ALGO INDESCRIPTIBLE... ESTA ES LA REALIZACION DE LA ESENCIA DEL CAMINO. POR LO TANTO, DIRIGEN Y BENEFICIAN A LOS DEMÁS, SIN DEJAR NINGUNA CAUSALIDAD NI HACER DIFERENCIA ENTRE UNO MISMO Y LOS DEMÁS.

UNA VEZ QUE HAYAMOS CONOCIDO A UN MAESTRO, DEBEMOS PRACTICAR EL CAMINO, ALEJADOS DE LAS RELACIONES MUNDANAS Y CON TIEMPO LIBRE, INCLUSO EN EL PENSAMIENTO, EL NO-PENSAMIENTO Y EL PENSAMIENTO NEUTRO. POR LO TANTO, DEBEMOS ENTRENARNOS TAN DURAMENTE COMO SI ESTUVIÉRAMOS SALVANDO NUESTRA CABEZA DE UN FUEGO ARDIENTE. UN MAESTRO ZEN QUE HA ABANDONADO SU CUERPO Y SU MENTE NO ES OTRO QUE NOSOTROS MISMOS.

ES INEVITABLEMENTE POR LA SINCERIDAD Y LA PIEDAD QUE REALIZAMOS Y RECIBIMOS LA ESENCIA DE LA LEY DE NUESTRO MAESTRO. ESTAS CUALIDADES NO VIENEN DE FUERA NI SURGEN DE DENTRO, SINO DE DAR

MÁS IMPORTANCIA A LA LEY QUE A NUESTRO CUERPO, O DE RENUNCIAR AL MUNDO Y ENTRAR EN EL CAMINO. SI DAMOS MÁS IMPORTANCIA A NUESTRO CUERPO QUE A LA LEY, SEREMOS INCAPACES DE REALIZAR Y RECIBIR EL CAMINO. .... CUANDO ALGUIEN HA REALIZADO LA GRAN LEY Y LA ESENCIA DE LOS BUDAS Y PATRIARCAS, LE SERVIMOS, POSTRÁNDONOS REVERENTEMENTE ....

SAKYAMUNI-BUDDHA DIJO: "CUANDO TE ENCUENTRES CON UN MAESTRO QUE EXPONGA LA SABIDURÍA SUPREMA, NO CONSIDERES SU NACIMIENTO, NI TE FIJES EN SU ASPECTO, NI TE DESAGRADEN SUS DEFECTOS, NI TE PREOCUPES POR SU COMPORTAMIENTO. MÁS BIEN, POR RESPETO A SU GRAN SABIDURÍA, TRÁTALO CON UNA GRAN SUMA DE DINERO O CON COMIDAS CELESTIALES Y FLORES, O PROTÉSTALE REVERENTEMENTE TRES VECES AL DÍA, SIN DARLE NINGÚN MOTIVO DE PREOCUPACIÓN; Y SEGURAMENTE ENCONTRARÁS LA SABIDURÍA SUPREMA BODHI."

DOGEN CONTINUÓ, ... TANTO LOS HOMBRES COMO LAS MUJERES PUEDEN REALIZAR EL CAMINO. EN CUALQUIER CASO, LA REALIZACION DE LA VIA DEBE SER RESPETADA, INDEPENDIENTEMENTE DEL SEXO. ESTA ES UNA REGLA EXTREMADAMENTE EXCELENTE SOBRE EL CAMINO....INCLUSO UNA NIÑA DE SIETE AÑOS PUEDE CONVERTIRSE EN MAESTRA DE LAS CUATRO CLASES DE BUDAS... SI PRACTICA Y REALIZA LA LEY... DEBEMOS HACERLE UNA OFRENDA VENERATIVA COMO A LOS BUDAS.

ESTA ES UNA FORMA TRADICIONAL EN EL BUDISMO. LO SIENTO POR AQUELLOS QUE NUNCA LO HAN CONOCIDO O RECIBIDO PERSONALMENTE.

Maneesha, es uno de los problemas más antiguos - ¿cómo reconocer al maestro? Porque sin el maestro casi no hay manera. Digo casi, porque quizás una persona entre un millón pueda llegar a la verdad sin el maestro. Pero es sólo un accidente, no puedes convertirlo en una regla, es sólo una excepción que confirma la regla.

Y la gran preocupación de los maestros ha sido explicar a la gente las formas de reconocer al maestro, porque el maestro es la Vía. A menos que hayas visto a alguien autorrealizado, no confiarás en que puedes realizarte a ti mismo. Una vez que has visto a un Buda, a un iluminado, de repente empieza a florecer en ti una llama tremenda: "Si esta belleza, esta gracia, esta sabiduría, esta dicha puede sucederle a cualquier hombre, entonces ¿por qué no puede sucederme a mí?" a mí?"

En cuanto a los seres humanos, tenemos las mismas semillas y la misma potencialidad. Pero una semilla puede seguir siendo una semilla y no convertirse nunca en una flor, aunque disponga de todas las posibilidades. Pero en lugar de desaparecer en la tierra, la semilla puede permanecer a salvo, escondida en una cueva de piedra, pensando que fuera llueve demasiado, preocupada porque fuera hace demasiado sol, temiendo lo desconocido. Se siente acogida en el silencio cerrado de la cueva, pero allí no puede crecer, allí simplemente se pudrirá. Allí sólo seguirá siendo algo... podría haber sido una hermosa manifestación, sólo permanece sin manifestarse, una canción sin cantar, una poesía sin escribir, una vida sin vivir.

Es muy esencial encontrar a un hombre que provoque en ti el reto de alcanzar tus cotas.

El maestro no es más que un desafío - si me pasó a mí, te puede pasar a ti. Y el profesor auténtico -hay tantos profesores que proponen doctrinas, creencias, filosofías- al profesor auténtico no le preocupan las palabras; no le importan las creencias, el ateísmo o el teísmo; ni siquiera le importa Dios, ni el cielo ni el infierno. Al auténtico maestro sólo le importa una cosa: provocarte para que veas tu potencial, para que veas en tu interior. Su presencia te silencia, sus palabras profundizan tu silencio, su propio ser comienza lentamente a derretir tu falsedad, tu máscara, tu personalidad.

¿Cuál es el problema de las semillas? También es su problema. El problema de la semilla es que la cubierta es protectora. Perder la cubierta la hace vulnerable. La semilla es perfectamente feliz cubierta, pero no sabe que hay más cielos más allá de los cielos por descubrir, que a menos que vaya al más allá no ha vivido; porque no ha conocido el mundo de las estrellas, y no ha vivido como una flor bailando bajo la lluvia y bajo el sol y bajo el viento, no ha escuchado la música de la existencia. Ha permanecido encerrado en su seguridad.

Y exactamente lo mismo ocurre con el hombre. Todo hombre es un bodhisattva. La palabra "bodhisattva" significa esencialmente un buda. La distancia entre un bodhisattva y un buda es la distancia entre la semilla y la flor. No es mucha, sólo hace falta un poco de valor para salvar la distancia.

Pero escondido en la oscuridad de una cueva, ¿quién va a animarte? ¿Quién va a sacarte de tu seguridad? El papel del maestro es darte a probar la inseguridad, darte a probar la apertura. Y una vez que conoces la apertura, la inseguridad... son ingredientes básicos de la libertad, sin ellos no puedes abrir tus alas y volar en el cielo del infinito.

Es absolutamente necesario evitar a los maestros, son falsos maestros. Es muy difícil, porque hablan el mismo idioma. Así que no tienes que escuchar las palabras, tienes que escuchar el corazón; no tienes que escuchar sus doctrinas, su lógica y sus argumentos, tienes que escuchar su gracia, su belleza, sus ojos; tienes que escuchar y sentir el aura que rodea a un maestro. Como una brisa fresca que te toca. Una vez que hayas encontrado a tu maestro, habrás encontrado la llave para abrir el tesoro de tus potencialidades.

Dogen habla de este antiguo y eterno problema. Dogen dice:
EN LA PRÁCTICA DE LA MÁS ELEVADA SABIDURÍA SUPREMA, ES MUY DIFÍCIL ENCONTRAR MAESTROS PROMINENTES.

DOGEN: EL MAESTRO ZEN

Es difícil, y si era difícil en la época de Dogen, hoy se ha vuelto más difícil. El mundo se ha vuelto más mundano, la educación se ha vuelto irreligiosa, la ciencia prevalece, y la ciencia no cree en la percepción de tu ser. Toda nuestra cultura, por primera vez en la historia, es absolutamente materialista. No importa si estás en Oriente o en Occidente, el mismo patrón educativo se ha extendido por todo el planeta.

Aunque vayas tradicionalmente, formalmente -sólo como conformidad social- al templo, a la mezquita, en el fondo no tienes ninguna confianza, en el fondo sólo hay duda. En el fondo, vas al templo no porque te hayas dado cuenta, no porque tengas que mostrar tu gratitud a Dios. Vas allí por miedo a la sociedad en la que vives, no quieres ser un marginado. Es simplemente una conformidad social.

Esto quedó muy claro cuando en 1917 la Unión Soviética sufrió una revolución. Antes de la revolución, Rusia era uno de los países más ortodoxos del mundo. Se creía en todo tipo de supersticiones, había muchos santos, una gran jerarquía en la iglesia. Era absolutamente independiente del Vaticano, tenía su propia iglesia. Pero después de la revolución, en sólo cinco años, todas esas creencias, cultivadas durante siglos, desaparecieron. Ya nadie se preocupaba por Dios.

Eso no significa que todo el mundo haya comprendido que Dios no existe. Eso significa simplemente que la sociedad ha cambiado y que es necesario cambiar con la sociedad, otra conformidad social. No creo en los ateos rusos, como tampoco creo en ningún teísta, hindú, cristiano o mahometano; por la sencilla razón de que su religión no es su propia experiencia, no es su propia aventura amorosa, es sólo un conformismo para seguir siendo respetable en la multitud.

¿Cuál es su religión, salvo el conformismo?

Por conformismo nadie ha encontrado la religión. Hoy se ha convertido en un conformismo casi universal, porque la ciencia domina la mente, la lógica se impone a nuestro pensamiento, la lógica niega todo lo irracional, la ciencia niega todo lo eterno. Evidentemente, cada vez es más difícil encontrar un verdadero maestro. Incluso encontrar un maestro es difícil porque también ha pasado de moda. Un maestro hablará de los UPANISHADS, hablará de la BIBLIA, hablará de la TORAH, hablará del CORAN - todos están anticuados.

¿Crees que un periódico veinte siglos después tendrá alguna importancia? Sólo en un día termina su significado. Por la mañana esperabas el periódico con tanta curiosidad, y por la tarde ya lo has tirado. Ha cumplido su función: una curiosidad por saber lo que pasa a tu alrededor, sólo una nueva forma más técnica de cotillear.

Ahora ya no es posible seguir con el viejo tipo de cotilleo porque la gente vive muy lejos unos de otros. Los periódicos, la radio y la televisión son las nuevas formas de cotilleo. Difunden todo tipo de tonterías y estupideces entre la gente. Esta solía ser la labor del sacerdote, del maestro.

Incluso en el pasado, como dice Dogen, era muy difícil encontrar maestros sobresalientes. Pero nunca han dejado de existir. Incluso hoy en día es posible, aunque se ha vuelto más difícil encontrar un maestro.

Porque el mundo entero y su clima, su mente, se han alejado de la búsqueda interior. El que va en la búsqueda interior hoy va solo, sin ningún apoyo de la sociedad. De hecho, la sociedad crea todo tipo de problemas para el hombre que va en busca de sí mismo.

La gente se ríe: "No seas tonto, ve tras el dinero, ve tras una mujer hermosa, ve tras convertirte en el hombre más rico del mundo, ve tras ser el primer ministro de un país. ¿Adónde vas y qué harás aunque te encuentres? Te quedarás atascado. Una vez que te encuentres, ¿qué vas a hacer? No te lo puedes comer. Es inútil". Todo el esfuerzo de los siglos se ha vuelto de repente completamente inútil, porque muy pocas personas se han atrevido a cruzar la línea, el límite que la sociedad crea a su alrededor.

Estas pocas personas han encontrado la fuente misma de la vida, han descubierto que no nacemos con nuestro nacimiento, y que no vamos a morir con nuestra muerte. Ni nacimiento ni muerte... nuestra esencia es eterna, sin principio, sin fin. Nacimientos y muertes han ocurrido mil y una veces, son sólo episodios, cosas muy pequeñas comparadas con nuestra eternidad.

Cuando alguien encuentra esta eternidad, comienza a transformarse. Se convierte en un hombre nuevo en el sentido de que su visión es clara. No pertenece a ninguna multitud, no puede ser cristiano, hindú o mahometano, porque sabe en su fuero interno que todos formamos parte de una misma existencia.

Todas las divisiones son estúpidas. ¿Cómo puede un hombre autorrealizado pertenecer a una multitud, ser miembro de una multitud? Se convierte en un pico de conciencia, erguido en solitario como el Everest. Es autosuficiente, y encontrarlo es ciertamente difícil, pero no imposible. Puedes hacerlo imposible si vas en tu búsqueda con ciertos prejuicios, con ciertos criterios ya decididos por tu mente.

Por ejemplo, un Jaina, aunque se encuentre con un Buda, no podrá verlo. Sus ojos están cubiertos por su llamado jainismo. Solo puede respetar a un hombre como Mahavira, ese es su criterio.

Y el problema es que cada alma realizada es tan única que no se pueden establecer criterios. Habrá que ser más sutil, más inteligente. El Jaina no puede aceptar al Buda como autorrealizado porque todavía lleva ropa. Su idea de la autorrealización es que uno renuncia a todo, incluso a la ropa; se queda desnudo.

Pero, por favor, recuerda que incluso un actor puede estar desnudo, no lo conviertas en un criterio. Mahavira es único: le encanta estar desnudo, al aire libre, bajo el cielo y las estrellas. Es hermoso, pero no es un criterio. Gautam Buda come una vez al día. Eso no es un criterio, si alguien come dos veces al día no puede ser considerado un Buda. Pero incluso nuestras llamadas personas inteligentes y religiosas como Mahatma Gandhi tienen puntos de vista tan estúpidos.

Según él, un hombre realizado no puede beber té. Todos los maestros budistas han bebido té, ha sido su descubrimiento. Fue Bodhidharma quien descubrió el té. El nombre "té" proviene de la montaña Tha, en China, donde Bodhidharma meditaba. Y el nombre ha permanecido igual en diferentes idiomas... sólo que con ligeros cambios. En hindi es chai, en marathi es cha, en chino es tha, en inglés se ha convertido en tea. Pero mil maestros nunca han negado que el té no sea espiritual.

Por el contrario, el Zen tiene una casa de té especial en sus monasterios, y cuando van a tomar el té se llama ceremonia del té. Han transformado el simple acto de beber té en una hermosa meditación.

Tienes que dejar los zapatos fuera, como si entraras en un templo. Y hay un maestro que va a dirigir la ceremonia. Luego todos se sientan en el silencio del monasterio, se prepara té en el samovar y todos escuchan la música del samovar que hierve el té. Se convierte en una meditación. Mindfulness es una meditación, lo que se observa no importa.

Entonces el maestro, con gran gracia, lleva el té a todos; sirve el té con inmensa conciencia, consciencia, cuidado, respeto, y todos reciben el té como si recibieran algo divino. En ese silencio sorbiendo el té... y esta cosa tan ordinaria se ha convertido en una experiencia espiritual. Nadie puede hablar en la casa del té, el silencio es la regla. Cuando dejas las tazas y los platillos, también te inclinas agradecido hacia la existencia. El té era sólo un símbolo.

Pero en el ashram de Mahatma Gandhi no se podía beber té ni enamorarse de una mujer.

Todos los días tenías que comer hojas de neem, que son las hojas más amargas del mundo, con tu comida, sólo para destruir tu gusto; porque las escrituras dicen que la blandura es un criterio de espiritualidad. Puede ser un criterio de estupidez, no puede ser un criterio de espiritualidad; de lo contrario, todos los búfalos serían espirituales.

¿Has observado a los búfalos? Siempre mastican la misma hierba, sin mostrar en modo alguno si están contentos o descontentos, permaneciendo tan contentos y distantes. Y todo el día masticando y masticando. No puede ser muy delicioso. Se puede probar, de vez en cuando es bueno probar lo que hacen otras especies del mundo. Pero no voy a decir que la insulsez no tiene nada que ver con la religión. Al contrario, cuanto más meditas, más profundo se vuelve tu gusto. Todos los sentidos se vuelven más sensibles, oyes más, ves mejor, tu tacto se vuelve más cálido.

Toca las manos de algunas personas y verás la diferencia. Las manos de algunas personas están calientes.

Las manos calientes muestran que están dispuestas a dar, a compartir; el calor es su energía moviéndose hacia ti, es realmente un símbolo de amor. Pero coger las manos de algunas personas será como recoger una rama muerta de un árbol, nada se mueve en sus manos. Pero estas personas en el pasado han sido llamadas espirituales. Cuanto más muerta está, más espiritual es. ¡No comas por placer!

No puedes creer que las escrituras budistas tengan treinta y tres mil reglas para que una persona sea espiritual. Al menos yo no puedo ser espiritual, sólo porque no puedo contar tantas reglas. No puedo recordar tantas: ¡treinta y tres mil reglas! Cuando cuento, lo hago con los dedos y después del tercer dedo siempre me pierdo. Pero eso no significa que no pueda ser espiritual, la aritmética no tiene nada que ver con la espiritualidad. ¿Y cuáles son esas reglas?

Te pondré un ejemplo. Un joven monje va a difundir la palabra de Buda a las masas.

Antes de despedirse, toca los pies de Buda y le pregunta si tiene algo que decirle, porque no podrá volver a verlo hasta que llegue el segundo monzón.

Buda dijo: "Sí, tengo algunas instrucciones para ti. Una de ellas es que nunca mires más de un metro delante de ti".

El hombre respondió: "Pero, ¿por qué?".

Buda dijo: "Es para evitar a las mujeres. Como mucho puedes verles los pies. Entonces adelante, no les mires a la cara. Mantén los ojos pegados al suelo".

Ahora bien, un hombre así no puede ver las estrellas, no puede ver la puesta ni la salida del sol, está totalmente aislado de la existencia, su sensibilidad ha muerto. Tiene ojos, pero está casi ciego, ojos que sólo pueden ver un metro más adelante. Su tremenda capacidad de ver se reduce a sólo cuatro pies.

El joven monje preguntó: "Si de vez en cuando se me olvida, o si hay alguna situación especial en la que tengo que ver a una mujer, ¿qué debo hacer?"

Buda dijo: "Cierra los ojos. Porque una vez que has visto a una mujer hermosa puedes cerrar los ojos pero no puedes olvidar su rostro". De hecho, con los ojos cerrados se vuelve más hermosa.

Si yo estuviera en el lugar de Gautam Buda regalaría a todo el mundo una lupa. Llévala.

Siempre que conozcas a una mujer hermosa, sólo tienes que mirar y entonces sus ojos parecerán monstruos; su nariz se hará tan grande que ningún judío podría vencerla. Pero esto no es espiritualidad, coge una lupa...

Tu restricción no es más que supresión, y una persona suprimida nunca puede entrar en su propio ser.

Esos sentimientos y pensamientos reprimidos se convierten en una dura coraza que te separa de ti mismo, de tu propio origen. Sólo un ser no reprimido, sin pensamientos, silencioso, puede romper esa barrera y llegar a su fuente viva. Y en el momento en que alcanza su fuente viva... no tiene que hacer nada, obra milagros. Empieza a cambiar tus actitudes, tus enfoques, empieza a cambiar todo lo que has conocido de ti mismo. Te trae un nuevo ser.

Encontrar un maestro es fácil si estás disponible no sólo para las palabras, sino también para los silencios; no sólo para las palabras, porque la verdad nunca llega a través de las palabras, sino entre las palabras, entre las líneas, en los espacios silenciosos. Si buscas un maestro, no tengas ningún criterio, ningún prejuicio. Estate absolutamente disponible, para que cuando conozcas a un profesor puedas sentir su energía. Lleva todo un mundo de energía a su alrededor. Su propia experiencia irradia a su alrededor. Si estás abierto y no tienes miedo de probar algo nuevo, de probar algo original, no es muy difícil encontrar un profesor. La dificultad está de tu parte.

Pero la afirmación de Dogen es correcta: ... ES MÁS DIFÍCIL ENCONTRAR MAESTROS PROMINENTES.

SEAN HOMBRES O MUJERES, DEBEN SER LOS QUE HAN HECHO ALGO INDESCRIPTIBLE.

Eso es lo que te convierte en maestro: si sabes algo que no se puede describir, si tienes alguna experiencia que no se puede explicar. El maestro es un misterio. Lo sabes pero no puedes decirlo. Puedes compartirlo si estás preparado. Puede invitarte a su propio ser. Si no tienes miedo ni temor, si eres lo bastante valiente para explorar la parte más desconocida de la existencia, puedes convertirte en un invitado en la casa del maestro. Pero recuerda que en el momento en que entras en la casa del maestro, el maestro entra en ti. Dos conciencias no pueden permanecer separadas. Cuando dos conciencias se acercan, se convierten en una.

Y esto es lo único que hay que recordar: si sientes una profunda afinidad con alguien, una profunda sincronía, como si una sola alma estuviera en dos cuerpos, entonces no te pierdas a este hombre. Él te va a llevar a la misma experiencia increíble, indescriptible, inexpresable.

ESTA ES LA REALIZACION DE LA ESENCIA DEL CAMINO.

Encontrar al maestro es encontrar el Camino.

POR LO TANTO, DIRIGEN Y BENEFICIAN A LOS DEMÁS, SIN CONSIDERAR LA CAUSALIDAD NI ESTABLECER UNA DIFERENCIA ENTRE EL YO Y LOS DEMÁS.

Un místico sufí muy famoso solía venir a un lugar donde viví durante veinte años, y sus discípulos siempre querían que conociera a su maestro. Yo les decía: "La única manera es que vuestro maestro se quede conmigo la próxima vez".

Así que la siguiente vez que vino el maestro sufí se quedó conmigo, y lo primero que le pregunté fue: "¿Sigues siendo mahometano?".

Parecía sorprendido y conmocionado. Dijo: "Por supuesto".

Le dije: "Entonces no conoces lo indescriptible. Estas divisiones entre mahometanos e hindúes y jainas y budistas son divisiones de mediocres y retrasados".

Pero él dijo: "Me di cuenta de Dios. Lo veo".

Le dije: "Todo esto es una tontería."

Anando acaba de traerme... Hay una nueva especie de sacerdotes en América, los sacerdotes de la televisión, que nunca antes había existido. Un sacerdote muy famoso de la televisión se ha hecho más famoso desde que ha declarado que ve a Dios todas las noches. ¡Dios tiene 900 pies de largo! Le dije a Anando: "Escríbele una carta de mi parte: "Por favor, dígame, ¿tiene una escalera y algo para medir? ¿O es sólo una suposición? Novecientos pies, ¡exactamente!

Creemos que vivimos en el siglo XX. Ni siquiera en Estados Unidos se vive en el siglo XX, por no hablar de países como la India. Millones de personas adoran a ese hombre y a nadie le importa que esto sea tan estúpido.

Al ver esto, otro misionero empezó a declarar que él también ve a Dios y tiene una larga barba blanca. Entonces le envié mi foto: "¡No te engañes, soy yo quien te visita en sueños!

En primer lugar, si Dios es eterno, no puede tener el pelo blanco. Siempre será joven. Es el hombre el que envejece".

Incluso ha publicado su foto, que es parecida a la mía, así que le dije: "Mira mi foto. Para que los demás no me reconozcan, llevo gafas. Pero soy yo a quien has estado viendo en tus sueños". No te aproveches de la gente diciendo que ves a Dios".

Dios no es un objeto. No puedes ver a Dios. Dios es tu propia conciencia. Es el que ve, no el que es visto. Eres tú, no un objeto en alguna parte. Es tu centro más íntimo, que es el único punto eterno, inmutable, inmortal, divino en su belleza, en sus bendiciones.

DOGEN: EL MAESTRO ZEN

Cuando te acerques a un maestro sólo recuerda una cosa: deja caer todas las defensas. Estate lo más vacío posible, para que la energía del maestro pueda penetrar en ti, pueda penetrar en tu ser, pueda tocar tu corazón. Y es una realización inmediata. Igual que cuando te enamoras, no piensas en el amor, no preguntas a los bibliotecarios sobre el amor, no preguntas a tus mayores cómo enamorarse. No hay ninguna escuela que enseñe a enamorarse. Pero la gente se enamora, ocurre de repente.

Igual que el amor sucede de repente en el nivel inferior, en el nivel físico y biológico... encontrar al maestro es una forma del amor más elevado. En el momento en que entras en la zona de su influencia -que se llama el campo búdico, el campo del maestro-, de repente empiezas a palpitar con una nueva energía, de repente sientes una nueva frescura, una nueva brisa que te atraviesa, una nueva canción que no hace ruido. Lo único que te queda es relajarte en una profunda gratitud. Ni siquiera digas la palabra "gracias" porque eso es romper. No es el momento de pronunciar una palabra... sólo un gesto de gratitud.

UNA VEZ QUE HEMOS CONOCIDO A UN MAESTRO, DEBEMOS PRACTICAR LA VÍA. Si el propio maestro es la Vía, ¿cómo se practica? Basta con observar cómo se mueve el maestro, qué gestos hace, cómo responde a las situaciones. Porque él es en todo momento una conciencia absoluta. Cada una de sus acciones es una indicación de su ser más íntimo. Obsérvalo. Obsérvalo cuando duerme, obsérvalo cuando se despierta, obsérvalo cuando habla, obsérvalo cuando se sienta en silencio, cuando no hace nada.

Observar al maestro con profunda gratitud y amor, absorbiendo su energía en silencio.... Es casi como beber agua cuando tienes sed, te invade un profundo sentimiento de satisfacción. ...

LEJOS DE LAS RELACIONES MUNDANAS Y CON TIEMPO LIBRE, INCLUSO EN EL PENSAMIENTO, EL NO PENSAMIENTO Y EL PENSAMIENTO NEUTRO. POR LO TANTO, DEBEMOS ENTRENARNOS CON EL MISMO CORAZÓN QUE SI ESTUVIÉRAMOS SALVANDO NUESTRA

CABEZA DE UN FUEGO ARDIENTE. UN MAESTRO ZEN QUE HA ABANDONADO SU CUERPO Y SU MENTE NO ES OTRO QUE NOSOTROS MISMOS.

El Buda y tú, en tu conciencia más profunda, sois uno. Los UPANISHADS declaran: aham brahmasmi - Yo soy Dios. No es debido a ninguna actitud egoísta - esas personas que escribieron los Upanishads ni siquiera lo han firmado. No sabemos quién escribió esos Upanishads. Sus declaraciones son tan claras - es imposible tener ego y hacer declaraciones tan claras sobre la verdad. Y cuando declaraban: "Aham brahmasmi", no lo declaraban sólo para sí mismos; lo declaraban al mundo entero: "Tú eres el Dios". No lo encontrarás en ningún lugar sagrado. Si no puedes encontrarlo dentro de ti, no podrás encontrarlo en ningún otro lugar. En el momento en que lo encuentres en ti, estará en todas partes. Entonces lo verás en el canto de un cuco o en el piar de los pájaros o en los relámpagos o en este silencio. Así que está en todas partes.

Una vez que lo conoces en tu interior, lo conoces en todo. Toda la existencia se convierte en un solo continente.

El ego os convierte en pequeñas islas. Y recuerda, ningún hombre es una isla, porque incluso la pequeña isla del fondo está unida a tierra firme. Sólo tienes que cavar un poco, bucear un poco.

ES INEVITABLEMENTE POR LA SINCERIDAD Y LA PIEDAD QUE NOS DAMOS CUENTA Y RECIBIMOS LA ESENCIA DE LA LEY DE NUESTRO MAESTRO.

Esta palabra 'Ley' es una traducción muy difícil de la palabra dhamma. Da una visión distorsionada; en cuanto oyes la palabra 'ley' recuerdas tus tribunales y tu constitución, tus autoridades legales; no recuerdas la palabra 'dhamma'.

Dhamma es una traducción al pali del sánscrito dharma. Y 'dharma' significa: el fuego es caliente, el calor es el dhamma del fuego; el hielo es frío, es el dhamma del hielo. Y tú eres un buda, es el dhamma de ti.

Mejor traducido, la ley no debería utilizarse como traducción de dhamma, sino de "naturaleza". Tu naturaleza es ser un buda. No importa que a veces lo olvides. Puedes permanecer olvidado durante toda tu vida o durante muchas vidas. Sin embargo, el mismo dhamma, el mismo buda y la misma conciencia continúan como una corriente subterránea.

Una vez sucedió... George Bernard Shaw viajaba a algún lugar desde Londres. Llegó el revisor y George Bernard Shaw lo miró todo, rebuscó en su maleta, sudando. No encontró el billete, aunque sabía perfectamente que lo había comprado. El revisor le dijo: "No se preocupe. Te conozco, todo el mundo te conoce. Lo habrás dejado en algún sitio. No se preocupe. Me aseguraré de que nadie te moleste".

Bernard Shaw dijo: "Ese no es el problema, muchacho. El billete no es el problema. El problema es cómo saber adónde voy. ¿Crees que estoy buscando el billete para ti?"

Puedes olvidar. Olvidar forma parte de nuestra naturaleza, igual que recordar. A veces, todos habréis llegado a un punto en el que estáis intentando recordar el nombre de un viejo conocido. Dicen que lo tienen en la punta de la lengua. ¿Qué significa eso? Si lo tienes en la punta de la lengua, escúpelo. Sabes perfectamente que lo sabes, pero no lo expresas. Cuanto más lo intentes, más difícil te resultará, porque cuanto más lo intentes, más estrecho será el paso. La mente se tensa y los viejos recuerdos no pueden romper esa tensión. Finalmente te rindes y empiezas a fumar, y mientras estás fumando de repente llega. No te lo puedes creer, te has esforzado tanto, sabías que lo tenías en la punta de la lengua, y aun así no has podido expresarlo. Yo te digo que el Buda está en la punta de la lengua. Es sólo cuestión de fumar un poco. Un poco de relajación, eso es lo que da el fumar.

La gente fuma cigarrillos y puros sin saber que psicológicamente es simplemente el pecho de su madre. Por eso les relaja tanto. Del pezón del pecho de la madre llega leche caliente al niño; del cigarrillo sale humo caliente - y te has olvidado de todo, te has convertido de nuevo en un niño, inocente, relajado. Ningún gobierno puede impedir que la gente fume, porque fumar no es realmente el problema. Tiene una profunda psicología detrás.

Se puede ver psicología sin mucha erudición. Los poetas cantan sobre el pecho de la mujer más que sobre cualquier otra cosa. Los pintores pintan el pecho de la mujer más que cualquier otra cosa. Hay algunos pintores que sólo pintan pechos de mujer y nada más. Cada vez son mejores...

¿Por qué esta obsesión? ¿Por qué esta fijación? La realidad es que cada vez son más las madres que no quieren dar el pecho al niño, porque alimentar al niño de esta manera es deformar el pecho. El niño sigue tirando, alarga el pecho, y todas las mujeres quieren que el pecho sea torneado, redondo, una luna llena, y estos jóvenes monstruos no lo permiten. Les interesa su trabajo, porque un pecho redondo, la idea de un escultor sobre el pecho de una mujer, matará al niño. Si el pecho es redondo, el niño no podrá alimentarse, se le cerrará la nariz. O puedes respirar o puedes beber; no puedes hacer las dos cosas a la vez. Así que todas esas pinturas y estatuas en Khajuraho, todos esos grandes pintores, no entienden que la vida del pobre niño está en juego.

A todas las mujeres les interesa, y ahora incluso se debate en los parlamentos de todo el mundo: "¿Se debe obligar a las mujeres a alimentar al niño o se les debe dar la libertad de elegir ellas mismas?". Ninguna mujer quiere distorsionar sus pechos. A menos que encuentren algún dispositivo tecnológico... y se puede hacer. Sólo hay que conectar el pecho y la boca del bebé con un pequeño tubo. ¡Y el niño está casi en un puro desde el principio!

¡Siempre veo soluciones sencillas a problemas muy grandes! Sólo un tubito de plástico... el niño disfrutará y podrá seguir disfrutando después también porque estará en compañía de mujeres.

Nadie puede impedir por ley algo que tiene una raíz psicológica. Y nadie puede impedir que te conviertas en un buda, porque es tu propia naturaleza. Otra cosa es que te involucres en las pequeñas cosas del mundo -poder, prestigio, respetabilidad- y te olvides de dedicarte un poco de tiempo a ti mismo. Sólo un poco de tiempo para ti mismo, olvidándote del mundo entero... no hay necesidad de renunciar a ello. Estoy en contra de renunciar a nada.

Todas las religiones del mundo han sido religiones de renuncia. Querían que la gente meditara, que renunciara al mundo, que se fuera a las montañas, a los bosques, a los desiertos donde nadie viene. Pero eso no funcionó, no funciona. Incluso si vas a la montaña, una multitud te seguirá allí, en tu mente, no fuera. Fuera no verás a nadie, pero con los ojos cerrados pensarás en muchas cosas: tu mujer, tus hijos, tus viejos padres, tus amigos y todo tipo de estupideces: el Club de Leones y el Rotary Club. Empezarán a venirte a la cabeza cosas en las que nunca habías pensado, porque al no tener nada más que masticar... ni siquiera hay chicles, tienes que masticar algo. La gente empieza a pensar en cosas extrañas.

Pero esto no es autorrealización. Estoy en contra de renunciar al mundo, quiero que estés en el mundo lo más totalmente posible. Así que de vez en cuando, tómate unas vacaciones. Sólo por la mañana temprano renuncia a todo, olvídalo todo y sé tú mismo. En la noche oscura, cuando todos duermen, siéntate en tu cama y sé tú mismo.

Esta es mucho más exitosa. La antigua dimisión era casi violenta. Nadie lo ha señalado porque nadie quiere estar condenado, pero ahora estoy tan condenado que no me importa. Todas las religiones son responsables de millones de mujeres que se quedaron viudas aunque sus maridos vivieran; de niños que se quedaron huérfanos aunque sus padres vivieran; de padres ancianos que se convirtieron en mendigos porque el hijo pequeño del que dependían había renunciado al mundo. Nadie ha contado cuánto daño ha hecho la idea misma de la renuncia, ¿y cuál es la ganancia? Basta con medir ambas cosas, parece que no hay ganancia. Todos los que han renunciado simplemente sueñan con las mismas cosas, se aferran de la misma manera, están celosos de la misma manera.

Estaba en el Himalaya e iba a sentarme bajo un árbol, cuando desde otro árbol un monje, un monje hindú, gritó: "No te sientes ahí. Eso pertenece a mi maestro".

Dije: "Dios mío, incluso aquí en este bosque... has renunciado al mundo entero, pero aún no has renunciado al árbol. Y el árbol no le pertenece a nadie".

Dijo: "Te lo advierto, es un hombre peligroso".

Le dije: "Tiene que ser peligroso, porque sólo la gente violenta puede renunciar al mundo".

¿Cómo puedes abandonar el mundo? Este es tu propio mar, en el que tú eres el pez. Si lo abandonas, morirás. ¿Cómo puede un pájaro abandonar el cielo? Es su propio mundo. Si abandona el cielo, morirá. No puedes dejar el mundo, pero al margen puedes tomarte unas vacaciones, unos momentos para ti...

y nadie lo sabrá.

Estos pequeños momentos en los que dejas que el mundo entero caiga como un sueño -y tu propio ser sigue siendo la única realidad- son los mayores momentos de alegría, paz, silencio, felicidad.

Estos momentos son divinos. En estos momentos ya no eres un ser humano ordinario, de repente has trascendido lo humano, has trascendido toda forma, has entrado en la existencia sin forma. Tu corazón se convierte en el latido de toda la existencia.

Esta es la única práctica posible, todo lo demás no es esencial y es peligroso. Sé ordinario en todos los sentidos, sólo guarda un poco de espacio aquí y allá. El mundo sigue, no interfieres en él, no escapas de él. Participas en él, y con la participación creces interiormente en estos pocos momentos. Quédate en el mundo y conviértete en un buda, ese es mi mensaje.

CUANDO ALGUIEN HA REALIZADO LA GRAN LEY Y LA ESENCIA DE LOS BUDAS Y PATRIARCAS, LE SERVIMOS, POSTRÁNDONOS REVERENTEMENTE.

¿Qué podemos hacer cuando alguien irradia conciencia, irradia la danza de la existencia? ¿Qué podemos ofrecer? En Occidente, a la gente siempre le ha preocupado que los orientales toquen los pies de sus maestros. No saben que se ha convertido en algo tradicional. Por desgracia, todo se vuelve tradicional; pero en el fondo, esencialmente, tiene una gran belleza. No es una cuestión de pies. Es simplemente una gratitud que no se puede decir, sino que sólo se expresa tocando los pies del maestro. SAKYAMUNI-BUDDHA DIJO:

"CUANDO TE ENCUENTRES CON UN MAESTRO QUE HABLE LA SABIDURÍA SUPREMA, NO CONSIDERES SU NACIMIENTO".

No preguntes a qué casta pertenece, no preguntes qué aspecto tiene. Puede que no tenga un aspecto hermoso según tus ideas, puede que no provenga de una casta alta, de los brahmanes; puede que sea un sudra como Kabir o Dadu. Puede que no haya renunciado a un reino como Buda y Mahavira.

Pero no todo el mundo tiene un reino al que renunciar. Conocí a un jefe de correos, un hombre muy pobre. Vivía cerca de mi casa, así que solíamos hablar de vez en cuando. Cuando murió su mujer -no tenía hijos-, renunció al mundo. La misma gente que nunca había prestado atención al pobre hombre empezó a tocarle los pies, y pronto se hizo muy famoso. Veinte años después volví a encontrarme con él a través de uno de sus discípulos que me dijo: "Deberías verle".

Le dije: "Lo conozco".

Pero ellos dijeron: "Ha cambiado, es un hombre transformado. Ha renunciado a millones".

Le dije: "Sé que en tu cuenta de correos sólo tenías treinta y seis rupias. ¿De dónde sacaste millones?" Pero los rumores... y él disfrutaba con esos rumores. Le dije: "He venido a ponerle en su sano juicio."

Le pregunté: "Por favor, dile a tus discípulos cuántas rupias tienes en tu cuenta postal".

Me miró con tristeza. Dijo: "Será mejor que nos veamos por separado, a solas, no con toda esta gente".

Le dije: "Tengo que reunirme aquí delante de todo el mundo, porque esta gente piensa que has renunciado a millones. ¡Ahora di claramente cuántas rupias!"

Dijo: "Treinta y seis".

Los discípulos dijeron: "¿Treinta y seis? ¿Y no nos lo habías dicho antes?"

Dijo: "Me gustaba la idea de que había renunciado a millones. Y nunca dije nada... Simplemente no lo negué. Así que no puedes culparme".

Y le dije: "Dile a esta gente lo que es real".

Dijo: "¿Qué cosa real?"

Lo cierto es que antes de decidir dimitir, me pidió que le escribiera tres discursos, uno de diez minutos, otro de veinte y otro de treinta. Me dijo: "Los memorizaré completamente y para una ocasión de diez minutos utilizaré uno; si hay veinte minutos disponibles, utilizaré ese. No creo que tenga más de treinta minutos en conferencias".

Le dije: "Te pregunto por esos tres discursos. ¿Sigues usándolos o no?"

Dijo: "¡Dios mío, han venido a matarme por completo! Esta gente cree que soy un hombre realizado".

Le dije: "Dile a esta gente que esos tres discursos fueron escritos por mí."

Dijo: "Tengo que admitirlo". Pero perdió toda su fama. De repente sus discípulos desaparecieron, todo el mundo empezó a reírse del asunto. Pero durante veinte años seguidos había mantenido su gran erudición con esos tres discursos.

Lo llevé a mi casa. Le dije: "Necesito un jardinero. Haz el jardín y medita con las plantas, con las rosas". Y la India tiene tantas flores hermosas, incomparables, a causa del clima. La rosa india tiene una fragancia que no es posible en un país frío; la fragancia no se libera, necesita el sol. La India tiene tantas flores hermosas, desconocidas en el mundo. Tenía un jardín precioso, así que lo puse a trabajar.

Dijo: "Estaba disfrutando como iluminador, y desafortunadamente alguien te llevó allí.

DOGEN: EL MAESTRO ZEN

En esta vejez ahora tengo que volver a ser jardinero".

Le dije: "Esto es mucho más auténtico. Sé jardinero. Es un trabajo sencillo. Puedes meditar y regar las plantas. La lluvia de agua sobre las plantas no perturba tu meditación. Las flores no perturban, los árboles son muy amorosos y muy pacíficos. Te estoy dando un templo verdaderamente vivo".

Dogen está diciendo que cuando conozcas a un maestro no pienses en su nacimiento, no te preocupes por su apariencia. Basta con reconocer que se trata de un hombre autorrealizado; todo lo demás no es esencial. Todo lo que se necesita ahora es una profunda gratitud. Es un milagro encontrar a un hombre así, y tú lo has encontrado.

Tu gratitud traerá un manantial a tu ser. La experiencia del maestro empezará a fluir hacia ti como los ríos bajan de las montañas al océano. Tu gratitud se vuelve como un océano: vasto, disponible. Y las alturas del maestro son como las montañas, de donde el Ganges y miles de otros ríos vienen corriendo, corriendo, saltando de roca en roca, de valle en valle, llegando hacia el océano. Si estás con un maestro, todo lo que necesitas es humildad, gratitud. Y el maestro se volverá hacia ti.

DOGEN CONTINUÓ, ... TANTO LOS HOMBRES COMO LAS MUJERES PUEDEN REALIZAR EL CAMINO. EN CUALQUIER CASO, LA REALIZACION DEL CAMINO DEBE SER RESPETADA, INDEPENDIENTEMENTE DEL SEXO. ESTA ES UNA REGLA EXTREMADAMENTE EXCELENTE EN EL CAMINO. INCLUSO UNA NIÑA DE SIETE AÑOS PUEDE CONVERTIRSE EN MAESTRA DE LAS CUATRO CLASES DE BUDAS... SI ELLA PRACTICA Y REALIZA EL DHAMMA... DEBEMOS HACERLE UNA OFRENDA VENERATIVA COMO A LOS BUDAS.

No importa la edad ni el nacimiento, ni el país ni la raza. Lo que importa es tu conciencia, y la conciencia no es hindú, cristiana o mahometana. Es sólo un fuego, un fuego eterno, invisible al ojo externo pero visible cuando cierras los ojos y vas hacia tu interior.

Un haiku:
MONTAÑAS VERDES
MONTAÑAS DE AZUL SE ELEVAN:
MI GRATITUD SE DERRAMA
Y LLENA MIS OJOS.
ryokan escribió:
EL LADRÓN
LO DEJÓ ATRÁS -
LA LUNA EN LA VENTANA.

Esto es lo que Ryokan escribió después de que el ladrón se fuera. Toda la historia es preciosa. Una noche, un ladrón entró en la pequeña cabaña de Ryokan. Ryokan sólo tenía una manta que usaba día y noche para cubrir su cuerpo. Esa era su única posesión. Estaba tumbado pero no dormía, así que abrió los ojos y vio entrar al ladrón. Sintió gran compasión por él porque sabía que no había nada en la casa. "Si el pobre me hubiera avisado antes, habría podido pedir algo a los vecinos y guardarlo aquí para robarlo. Pero ahora, ¿qué puedo hacer?".

Al ver que no había nada, que había entrado en la cabaña de un monje, el ladrón comenzó a marcharse.

Ryokan no pudo resistirse. Le dio su manta al ladrón. El ladrón le dijo: "¿Qué haces? Estás desnudo. Es una noche muy fría".

Me dijo: "No te preocupes por mí. Pero no te vayas con las manos vacías. He disfrutado de este momento, me has hecho sentir como un hombre rico. Los ladrones suelen entrar en los palacios de los emperadores. Entrando en mi choza aquí también se ha convertido en un palacio, yo también me he convertido en un emperador. En mi alegría esto es sólo un regalo".

Incluso el ladrón se compadeció de él y le dijo: "No, no puedo recibir este regalo porque no tienes nada. ¿Cómo vas a pasar la noche? Hace mucho frío, y cada vez más".

Ryokan dijo con lágrimas en los ojos: "Me recuerdas una y otra vez mi pobreza. Si estuviera en mi mano, habría cogido la luna llena y te la habría dado".

Cuando el ladrón se marchó, escribió en su diario:

EL LADRÓN

LO DEJÓ ATRÁS -

LA LUNA EN LA VENTANA.

Estos haikus no son poemas corrientes. Son declaraciones de meditación profunda.

Pregunta 1:

preguntó Maneesha:

NUESTRO QUERIDO MAESTRO,

¿CUÁL ES LA ESENCIA DE LA LEY DE NUESTRO MAESTRO?

Maneesha, no estoy aquí - sólo un espacio vacío, un bambú hueco. Si quieres unirte a mí, nada más es necesario. Simplemente estate completamente vacío y en silencio. Este es el dhamma de tu maestro. Y de hecho, este es el dhamma de todos los maestros. Conviértete en un bambú hueco para que puedas convertirte en una flauta y canciones de inmensa belleza puedan pasar a través de ti. No serán tus canciones, serán las canciones de la existencia.

Antes de entrar en la meditación de hoy... los bambúes están muy silenciosos y esperan tu risa.

Mis jardineros me han informado de que nunca habían visto crecer bambúes tan rápido. Sobre todo cuando llega la noche, todos empiezan a saltar. Son partícipes, meditan contigo. No pueden decir nada, pero dicen que no importa. Desde luego, entienden tu risa.

Bruno Meatball, un camionero, intenta cambiar una rueda pinchada en la autopista. Martillea con todas sus fuerzas, maldiciendo y jurando con cada golpe infructuoso.

El cura del pueblo pasa por allí y decide ayudarle. Se sienta junto a Bruno y le dice: "Rezaré a Dios; todos los milagros son posibles". A continuación, le da a Bruno un pequeño sermón sobre cómo ofrecer una oración en lugar de maldecir cuando se enfrenta a problemas.

Finalmente, "La Bola de Carne" dice que está dispuesto a intentar cualquier cosa para sacar el neumático de la rueda. Así que ambos se arrodillan junto al camión y rezan.

Cuando Bruno vuelve al trabajo, golpea el neumático y casi salta él mismo.

El cura pone cara de asombro y grita: "¡Pues fóllame!".

El Sr. y la Sra. Polite viven en una bonita casa grande en Propertown, EE.UU., y son muy educados. Cuando la señora Polite le trae la cena al señor Polite, él dice: "Muchas gracias, cariño".

Y la Sra. Cortés dice: "Oh, de nada, cariño. En realidad, debería darte las gracias por ser un marido tan encantador al que servir".

Entonces el Sr. Cortés dice, "No, debo agradecerte doblemente por ser una esposa tan encantadora...." Y así sucesivamente.

De todos modos, todos son tan educados que una noche el Sr. Cortés ve a un hombre solitario de mediana edad parado bajo la lluvia. Cortés invita al desconocido a entrar en la casa para disfrutar de una buena comida. Dos horas más tarde, el Sr. Cortés se topa con el desconocido haciendo el amor en el pasillo con su encantadora hija, Pussy Polite.

Al ver esto, el Sr. Cortés dice, muy educadamente: "Maldita sea, querida, ¿dónde están tus modales? Arquea la espalda y ayuda al señor a quitarse las pelotas de este frío suelo de mármol".

Tras muchos intentos, Gilbert Goldditch consigue por fin que la bella Gloria le acompañe a su apartamento. Tras unas copas, Gilbert pone música suave y se acomodan en el sofá.

Unos minutos después, Gloria dice: "Sabes, Gilbert, eres el primer hombre que conozco cuyos besos me hacen incorporarme y abrir los ojos".

"¿En serio?" dice Gilbert alegremente.

"Sí", responde Gloria. "Suelen tener el efecto contrario".

Mijail Gorbachov se levanta por la mañana y sale al balcón a tomar el aire. El sol está saliendo. "¡Buenos días, sol rojo!", exclama.

"¡Viva Mijail Gorbachov!", responde el sol.

Gorbachov, muy satisfecho, sigue con sus quehaceres. Después de una mañana ajetreada, vuelve a salir al balcón y ve el sol en todo su esplendor.

"¡Buenas tardes, sol!", grita.

"¡Viva el camarada Gorbachov, Secretario General del Partido Comunista de la Unión Soviética!", responde el sol.

Muy satisfecho, Gorbachov vuelve a su trabajo.

Esa noche, tras una dura jornada, sale de nuevo a su balcón favorito. Ve la puesta de sol, y con una sonrisa grita: "¡Buenas noches, mi pequeño sol!"

"Ahora estoy en el Oeste", responde el sol, "¡así que vete a la mierda!".

Ahora, Nivedano, da el ritmo...

(Golpe de tambor)

(Rigmarole)

Nivedano...

(Golpe de tambor)

Silencio.

Cierra los ojos.

Siente que tu cuerpo se congela

y sólo entra... más y más profundo.

En el fondo está tu yo inmortal.

no tengas miedo a lo desconocido

se precipitan hacia el centro como una flecha.

Pero no te detengas en la periferia,

porque sólo en el centro,

donde nada se mueve

eres un buda

Para que quede más claro, Nivedano

(Golpe de tambor)

Relájate,

DHAMMA BUDDHA

Déjate llevar, olvídate del cuerpo,
olvidar la mente,
recuerda que eres
conciencia pura, una sola conciencia.
Y sin dar un solo paso a ninguna parte
Llegaste a casa.
Nivedano...
(Golpe de tambor)
Devoluciones,
pero vuelven como budas
y sentarse unos momentos...
recordar, regocijarse, hacer un contacto ...
que en cada una de sus actividades
esta conciencia
siempre será como una corriente subterránea.
Una vez que esta experiencia de Budeidad
se convierte en una experiencia sólida,
se expresa en todas sus actividades -
en tus palabras, en tus silencios,
en tus días, en tus noches.
Se convierte en tu compañero constante.
Por supuesto,
te mereces el final
y sólo queda el Buda.
una conciencia pura
es el loto más hermoso
que nunca ha prosperado.
¿De acuerdo Maneesha?
Sí, querido maestro.
¿Podemos celebrar los diez mil Budas?
Sí, querido maestro.

leña y ceniza

NUESTRO QUERIDO MAESTRO, DOGEN CONTINÚA:

CUANDO MIRAMOS LA ORILLA DESDE NUESTRO BARCO, NOS PARECE ERRÓNEAMENTE QUE LA ORILLA SE MUEVE. PERO CUANDO MIRAMOS NUESTRO BARCO CON ATENCIÓN, DESCUBRIMOS QUE ES NUESTRO BARCO EL QUE REALMENTE SE ESTÁ MOVIENDO. DEL MISMO MODO, CUANDO VEMOS TODAS LAS COSAS CON LA IDEA ERRÓNEA DE QUE NUESTRO CUERPO Y NUESTRA MENTE ESTÁN SEPARADOS EL UNO DEL OTRO, PENSAMOS EQUIVOCADAMENTE QUE LA MENTE Y LA NATURALEZA INNATAS SON ETERNAS. PERO CUANDO NOS DAMOS CUENTA DE QUE NUESTRO CUERPO Y NUESTRA MENTE SON INSEPARABLES, VEMOS CLARAMENTE QUE TODAS LAS COSAS NO SON SUSTANCIALES.

LA LEÑA, CUANDO SE QUEMA, SE CONVIERTE EN CENIZA; LA CENIZA NUNCA VUELVE A SER LEÑA. AUN ASÍ, NO DEBEMOS CONSIDERAR LA LEÑA COMO UN ANTES Y LA CENIZA COMO UN DESPUÉS. DEBEMOS DARNOS CUENTA DE QUE LA LEÑA ESTÁ EN LA POSICIÓN DE LEÑA CON O SIN UN ANTES Y UN DESPUÉS. LA CENIZA ESTÁ EN LA POSICIÓN DE LA CENIZA CON O SIN ANTES Y DESPUÉS.

NO PODEMOS VOLVER A LA VIDA DESPUÉS DE NUESTRA MUERTE, COMO LA MADERA NO PUEDE VOLVER A SER MADERA DESPUÉS DE HABERSE CONVERTIDO EN CENIZA. EN EL BUDISMO, POR TANTO, SE DICE QUE LA VIDA NUNCA SE CONVIERTE EN MUERTE; LA VIDA ESTÁ MÁS ALLÁ DE LA CONCEPCIÓN DE LA VIDA.

DICE QUE LA MUERTE NO SE CONVIERTE EN VIDA; LA MUERTE ESTÁ MÁS ALLÁ DE LA MUERTE. LA VIDA Y LA MUERTE SON SÓLO UNA ETAPA DEL TIEMPO, COMO EL INVIERNO Y LA PRIMAVERA.

DEL MISMO MODO, NO DEBEMOS PENSAR QUE EL INVIERNO SE CONVIERTE EN PRIMAVERA, NI DECIR QUE LA PRIMAVERA SE CONVIERTE EN VERANO.

Maneesha, Dogen se ocupa básicamente de la idea de la reencarnación. El cristianismo no la acepta, el mahometismo no la acepta, el judaísmo tampoco; sólo la aceptan las religiones que han nacido en la India. Pueden diferir en todos los aspectos de la vida, pero en un punto están absolutamente de acuerdo. Y no es cosa de un día: desde hace miles de años están de acuerdo en la idea de la reencarnación.

En el cristianismo o en el mahometismo o en el judaísmo tu vida es muy corta, sólo entre la cuna y la tumba, quizás setenta u ochenta años. Con la muerte estás acabado. Pero en la experiencia oriental, con la muerte sólo cambias de forma. No estás acabado, continúas. Tu continuidad es eterna. Tomarás muchas formas... muchas experiencias, muchas maneras de ser.

Todo este universo se concibe en Oriente como un periodo de enseñanza. Los árboles aprenden a ser árboles, los pájaros aprenden a ser pájaros. Todo este universo es exactamente una gran universidad, una oportunidad para aprender una forma y también para aprender que detrás de la forma se oculta tu ser sin forma.

DOGEN: EL MAESTRO ZEN

Miles de veces has vivido de diferentes maneras, experimentando diferentes formas. De hecho, ser un árbol es una experiencia totalmente diferente a ser un pájaro o un león. Pero la vida esencial es una.

De esta experiencia vital esencial surgió la teoría de la reencarnación. Y si profundizas en tu interior... puedes moverte tan profundamente que empezarás a tocar no sólo tu nacimiento, tus nueve meses en el vientre materno, sino también la muerte a la antigua usanza.

Es una experiencia tremenda saber que has estado aquí antes, porque eso da otra dimensión a tu conciencia; si has estado aquí en el pasado, estarás aquí en el futuro.

El pasado y el futuro están en equilibrio; el momento presente es sólo el momento del equilibrio. Y si puedes adentrarte en el momento presente, podrás experimentar no sólo tus vidas pasadas; existe la posibilidad -si tu esfuerzo es realmente total- de que empieces a tener vislumbres de tus posibilidades futuras.

Se dice que Gautam Buda dijo que nunca empezamos nuestro viaje, que es eterno. No puedes llegar al punto, explorando dentro de ti, donde empezaste el viaje. No puedes encontrar la parada del autobús. Siempre has estado en movimiento, viajando. Así que el principio no se puede encontrar, no está ahí. Pero el final sí se puede encontrar.

Te sorprenderá pensar en ello: que la muerte ordinaria no es la muerte porque la conciencia pasa a otra forma. Un pájaro se convierte en un árbol, un árbol se convierte en un animal, un animal se convierte en un ser humano. Pero si tu experiencia de todas tus vidas pasadas te lleva de repente a la idea de que eres eterno, en ese mismo momento te desidentificas con la estructura cuerpo-mente.

Y esta desidentificación es la verdadera muerte. Ahora no tomarás otra forma, entrarás en lo informe. Se llama la gran muerte.

Pero para tener una gran muerte tienes que tener una gran vida. La vida ordinaria es tan tibia que la muerte ordinaria no puede cambiar mucho; sólo puede cambiar el ropaje exterior, la bolsa de papel en la que has estado viviendo. Estallar fuera de toda forma - tremenda conciencia, intensidad, totalidad... tiras de todo tu ser hacia un único punto - y de repente todas las formas desaparecen. Como una brisa, invisible, entras en lo informe. Hay que recordar esto antes de hablar de Dogen, porque ése es exactamente el trasfondo de lo que intenta decir a la manera zen.

DOGEN CONTINÚA:

CUANDO MIRAMOS LA COSTA DESDE NUESTRO BARCO, NOS PARECE ERRÓNEAMENTE QUE LA COSTA SE MUEVE. PERO CUANDO MIRAMOS NUESTRO BARCO DETENIDAMENTE, DESCUBRIMOS QUE ES NUESTRO BARCO EL QUE REALMENTE SE MUEVE.

Ahora muy poca gente tiene la experiencia de los barcos. Dogen hablaba con gente que viajaba en barco todo el tiempo, porque Japón no es una isla; hay muchas islas juntas, y la gente se traslada continuamente en barco de una isla a otra.

Pero en tu experiencia puedes tener... sentado en un tren, de repente ves que otro tren que estaba sentado en la vía lateral ha empezado a moverse. Pero tu experiencia es tan clara que tú te estás moviendo. Entonces miras hacia el otro lado: la estación sigue ahí. Así que, ciertamente, el otro tren se está moviendo. Pero la estación ha desaparecido, así que el movimiento de ese tren era una ilusión; tu tren se está moviendo.

El movimiento es relativo, igual que en geometría dos líneas paralelas nunca se encuentran.

Albert Einstein, el hombre que introdujo la idea de la relatividad en el mundo de la ciencia, dice que si dos cohetes se mueven por el cielo a la misma velocidad, ninguno de los pasajeros de ninguno de los dos cohetes sentirá que hay movimiento. Porque para experimentar el movimiento se necesita algo inmóvil al lado; es una experiencia relativa. Ambos cohetes se mueven en un cielo abierto y silencioso a la misma velocidad; naturalmente, ves que no hay movimiento en el otro cohete. ¿Y cómo puede haber movimiento en tu cohete? Si lo hubiera, habrías pasado al otro cohete. Ninguno de los pasajeros de ninguno de los cohetes soñará siquiera con el movimiento, porque no hay nada estable a su alrededor; a ambos lados, sólo cielo puro. Pueden vivir en la ilusión mientras sigan moviéndose a la misma velocidad.

Según Albert Einstein, una conclusión muy extraña... por supuesto, aún no demostrada, pero parece posible. Si los pasajeros de los dos cohetes no sienten ningún movimiento, permanecerán muy quietos y silenciosos. No sólo en sus mentes, sino incluso en sus células corporales penetrará el silencio del no movimiento. Será tan enorme, tan abrumador, que cuando vuelvan -se sorprenderán- todos sus amigos, sus antiguos colegas, habrán envejecido diez años y ellos no habrán envejecido nada. Esos diez años se han perdido. No se han movido ni un milímetro, ni en su cuerpo ni en su mente, porque el movimiento ya no es su experiencia.

Einstein estaba absolutamente seguro, y yo estoy de acuerdo con él. Parece absurdo que un viajero regrese y descubra que su propia generación ha terminado y una nueva generación ha tomado el relevo, porque ha estado fuera tanto tiempo, viajando por el cielo. Pero cuando no hay movimiento a tu alrededor, poco a poco, ese no movimiento hace que todo en tu interior se detenga: la mente, el cuerpo... todo.

Incluso él se sorprendió cuando propuso la teoría. Tardaremos unos años en estar completamente seguros de lo que decía, porque incluso para llegar a la estrella más cercana se tardan cuatro años; y el viaje de vuelta tarda ocho años - y ésta es la estrella más cercana. Todavía no tenemos vehículos para desplazarnos -ni estaciones de servicio continuas a lo largo del camino- durante cuatro años.

En segundo lugar, en el momento en que estás fuera de las garras de la gravitación.... No sientes la gravitación porque has nacido en gravitación. Si no, la tierra tira de ti con tanta fuerza... la mayor parte de tu envejecimiento se debe a la atracción de la tierra. El área gravitatoria es de trescientos kilómetros alrededor de la tierra.

Una vez fuera de la zona gravitatoria, no hay nada que te arrastre hacia abajo; sigues igual. La misma gravitación que te está matando también te mantiene conectado a tierra, porque sin gravitación simplemente te alejarás, te despedirás del otro y te trasladarás a lo eterno, para no volver a encontrarte. Es tan vasto... y la velocidad será tal que quemarás tu velocidad.

Hay problemas prácticos; por eso Albert Einstein no pudo convencer a nadie para que se arriesgara. La velocidad tiene que ser exactamente la velocidad de la luz, que es la velocidad máxima. Ciento ochenta y seis mil kilómetros por segundo, a esa velocidad todo se detiene. Puedes dar la vuelta al universo durante miles de años y volverás a la Tierra igual, tan joven como la dejaste. Pero es sólo teórico e hipotético; es difícil, por la sencilla y pragmática razón de que a la velocidad de la luz ningún metal puede permanecer sin fundirse. El calor es tanto que el vehículo en el que viajas se fundirá, quemándote con él.

Mira... casi tres mil piedras caen cada día sobre la tierra, por toda la tierra. Crees que son estrellas que caen. Las estrellas son muy grandes, pero éstas son sólo piedrecitas que han quedado atrapadas en el área gravitatoria de la tierra, y la tierra ha tirado de ellas. Pero la fuerza de atracción es tal que incluso las piedras arden. La mayoría de estas tres mil piedras nunca llegan al suelo; se queman antes de alcanzarlo. Unas pocas piedras han llegado al suelo y se han convertido en grandes lugares sagrados. Por ejemplo, la Kaaba -el lugar sagrado de los mahometanos-; la piedra que hay allí es un asteroide, no es de la tierra. Sólo porque la gente vio esa gran piedra que venía del cielo... la mente primitiva pensó que debía ser de Dios. Y vino, ardiendo como un sol, tan grande que llegó hasta la tierra. En muchos museos hay piedras así, que se llaman meteoritos.

Estas piedras se queman debido a la velocidad. Así que si hacemos un vehículo tenemos que encontrar algo que no se queme a la velocidad de la luz. Hasta ahora, no hay indicios de que podamos crear un vehículo o cualquier material que pueda moverse con la velocidad de la luz. Y a menos que nos movamos con la velocidad de la luz, no podremos llegar a la estrella más cercana. Teniendo en cuenta esa velocidad, la estrella más cercana está a cuatro años luz. Es una distancia muy larga, y nuestras pequeñas naves y nuestros aviones y nuestros cohetes son todavía, en términos de futuro, sólo juguetes.

Pero la conciencia no necesita ninguna forma para viajar, de ahí que pueda moverse a la velocidad de la luz. Esa es la forma oriental de ver las cosas: has estado en muchos planetas en muchas vidas diferentes, no sólo en esta Tierra. Los científicos aceptan que hay al menos quinientos planetas con vida, pero no hay comunicación. Se están haciendo todos los esfuerzos posibles para mantener algún tipo de diálogo o encontrar alguna forma de saber exactamente quién está allí. Pero esa es una limitación del cuerpo.

Para un hombre consciente, para un hombre que es un Buda, no hay limitación. Ninguna gravitación te lo impide, ningún calor puede quemarte. Puedes viajar de un lado a otro de diferentes maneras, naciendo en diferentes planetas.

La idea de la reencarnación es un reto muy grande. No se trata de discutir, se trata de experimentar en uno mismo lo que no se puede quemar, lo que uno recuerda haber sido en otros cuerpos. Y si puede pasar de un cuerpo a otro cuerpo, no hay dificultad para que pase de un planeta a otro. Y finalmente tiene que moverse en todos los sentidos y dispersarse en el ser universal. Eso es el nirvana.

Nirvana es una de las palabras más bellas; no creo que haya ninguna otra palabra en ningún idioma que tenga tanto significado y sentido. Suele significar simplemente apagar la llama.

Tienes una vela, la llama baila y la apagas. ¿Puedes responder adónde ha ido la llama? Debe haberse ido a alguna parte. Nirvana significa: tu vida es como una llama - cuando se hace difícil vivir en un cuerpo, una forma, simplemente se mueve a otra forma. La otra forma la determinan tus deseos, tus anhelos. Sé muy consciente de tus deseos y tus anhelos porque ya están creando la semilla de una nueva forma, sin que tú lo sepas.

He experimentado, con muchas personas, llevándolas de vuelta a sus antiguas formas. Y me sorprendió - porque este hecho no se menciona en ninguna escritura oriental - que alguien que es hombre, cuando recuerda, se recuerda a sí mismo como mujer en su vida pasada. Si profundiza, vuelve a recordarse como hombre.

Al principio me sorprendió, porque no se menciona en ninguna parte. Pero luego me di cuenta de que toda mujer anhela ser un hombre. Ella piensa: "Yo estoy en casa, y el hombre lo disfruta todo". Y todo hombre piensa, de vez en cuando, "La belleza, el misterio de una mujer..." Así que es muy natural que ya estés creando tu otra forma sin hacerlo conscientemente. Si eres hombre nacerás como mujer. Y esto es un círculo vicioso, porque cuando mueres, mueres inconscientemente; cuando naces, naces inconscientemente. Así que no sabes de dónde vienes, o cuál fue la razón por la que tomaste esta forma.

Todo el fundamento de la meditación es ponerte tan alerta que puedas ver la formación de semillas y deseos y dejarlos caer. Si puedes morir sin una semilla...

Si mueres a medias, no totalmente, con algo incompleto, con algo que querías hacer y la muerte se ha interpuesto, entonces no puedes esperar desaparecer universalmente. Entonces la llama tomará otro hogar, según tus deseos, tus reencarnaciones.

Meditar significa simplemente dejar caer lentamente todos tus deseos. Y cuando llegue la muerte, celébralo; celébralo porque todo está completo y tú estás preparado. Esta preparación y plenitud te darán la libertad definitiva de la falta de forma. Esa falta de forma es el nirvana.

Todos estos Budas, como Dogen, apuntan a esa falta de forma. En primer lugar, habla de la relatividad:

CUANDO MIRAMOS LA ORILLA DESDE NUESTRO BARCO, NOS PARECE ERRÓNEAMENTE QUE LA ORILLA SE MUEVE. PERO CUANDO MIRAMOS NUESTRO BARCO CON ATENCIÓN, DESCUBRIMOS QUE ES NUESTRO BARCO EL QUE REALMENTE SE ESTÁ MOVIENDO. DEL

MISMO MODO, CUANDO VEMOS TODAS LAS COSAS CON LA IDEA ERRÓNEA DE QUE NUESTRO CUERPO Y NUESTRA MENTE ESTÁN SEPARADOS EL UNO DEL OTRO, PENSAMOS EQUIVOCADAMENTE QUE LA MENTE Y LA NATURALEZA INNATAS SON ETERNAS. PERO CUANDO NOS DAMOS CUENTA DE QUE NUESTRO CUERPO Y NUESTRA MENTE SON INSEPARABLES, VEMOS CLARAMENTE QUE TODAS LAS COSAS NO SON SUSTANCIALES.

El cuerpo tiene una sustancialidad. Cuando alguien muere, todos los elementos del cuerpo se disuelven en sus fuentes: el agua en el agua y el aire en el aire y la tierra en la tierra. Sólo un pájaro invisible, sin peso.... Se han realizado experimentos en los que se pesa a un hombre en vida y se le vuelve a pesar después de muerto. El peso no difiere; es el mismo en ambas ocasiones. Para la mente objetiva, esto significa que nada se ha movido fuera, porque si hay un alma que se mueve fuera del cuerpo, entonces ciertamente tendría peso. Incluso se han hecho experimentos metiendo al moribundo en una caja de cristal, para ver si algo se mueve fuera.... Tendrás que romper el cristal por algún lado. Pero el cristal permanece intacto mientras el hombre muere.

Estas cosas han apoyado a los ateos, que dicen que no hay alma. Estas conclusiones son absolutamente racionales pero estúpidas. No hay contradicción en ser a la vez estúpido y racional. Por supuesto que la persona intelectual será más profundamente estúpida que los idiotas ordinarios; los idiotas ordinarios son gente simple. Pero hay idiotas extraordinarios, y debido a su racionalidad han hecho que la mente de casi todo el mundo sea materialista.

La mitad del mundo es comunista, que no cree que haya nada en el cuerpo; es sólo una combinación de materiales. La otra mitad del mundo, que se cree espiritual, sólo piensa; nunca experimenta.

El experimento no debe realizarse en un laboratorio científico.

Tienes que hacerlo en tu interior.

Eso es lo que estamos haciendo aquí: encontrar algo inmaterial, invisible a los ojos, que no ha sido tocado por las manos, pero que sigue siendo el corazón mismo de nuestro ser, el latido mismo de nuestro ser. Una vez conocido, desaparece todo miedo a la muerte. Y un nuevo coraje -tan fresco como una rosa matutina, todavía con gotas de rocío brillando en ella bajo el sol- un nuevo coraje para rebelarse contra todo lo que se acepta tradicionalmente, lo que se puede aceptar racionalmente pero que no se basa en la experiencia. real de la meditación...

Aparte de la meditación, no hay forma de decidir si eres sólo materia o hay algo inmaterial. Sin esa parte inmaterial pierdes todo tu esplendor. Sólo esa parte inmaterial de tu ser te da dignidad; te hace no sólo un hombre, sino que te hace capaz de tocar la cima más alta de ser un buda.

LA LEÑA, CUANDO SE QUEMA, SE CONVIERTE EN CENIZA; LA CENIZA NUNCA VUELVE A SER LEÑA. AUN ASÍ, NO DEBEMOS CONSIDERAR LA LEÑA COMO UN ANTES Y LA CENIZA COMO UN DESPUÉS. DEBEMOS DARNOS CUENTA DE QUE LA LEÑA ESTÁ EN LA POSICIÓN DE LEÑA CON O SIN UN ANTES Y UN DESPUÉS. LA CENIZA ESTÁ EN LA POSICIÓN DE LA CENIZA CON O SIN ANTES Y DESPUÉS.

Lo que Dogen intenta decir es que cuando la leña desaparece en un montón de ceniza, no hay que pensar que algo en la existencia ha cambiado, sólo ha cambiado la forma. La ceniza estaba presente en la leña, sin manifestarse. El fuego ha ayudado a que la ceniza se manifieste y sea visible.

Son formas de decir algunas cosas que son más difíciles de decir directamente. Pero puedo decírtelo directamente; esto no es una asamblea de buscadores de jardín de infancia. Lo que eres, has sido el mismo antes, sea cual sea la forma, y si puedes descubrirte a ti mismo entonces no importa en qué forma te muevas. Y si puedes penetrar en tu ser hasta su mismo centro - porque tu ser tiene una circunferencia y un centro.... Si te quedas en la circunferencia entonces te moverás a otra forma - pero si tu flecha llega hasta el centro mismo te has graduado de las formas. Ahora eres capaz de ser uno con el universo; ahora puedes cantar con los pájaros, bailar con las flores, brillar con las estrellas. De una diminuta gota de rocío te has convertido en el mismísimo océano.

En Estados Unidos, que ha producido muy pocos hombres dignos de mención, un hombre es ciertamente significativo, pero parece casi olvidado. Se trata de William James. Él introdujo esta hermosa palabra "oceánico". La gente se ha olvidado de él y de su palabra porque muy poca gente tiene esa experiencia. Pero aquí todo el mundo tiene que llegar a la experiencia... desde la gota de rocío hasta el océano.

A menos que te experimentes "oceánico", extendiéndote en las diez direcciones, en absoluta libertad, habrás perdido la gran oportunidad de la vida.

Dogen está diciendo que NO PODEMOS VOLVER A LA VIDA DESPUÉS DE NUESTRA MUERTE, COMO LA MADERA NO PUEDE VOLVER A SER MADERA DESPUÉS DE HABERSE CONVERTIDO EN CENIZA. EN EL BUDISMO, POR LO TANTO, SE DICE QUE LA VIDA NUNCA SE CONVIERTE EN MUERTE; LA VIDA ESTÁ MÁS ALLÁ DE LA CONCEPCIÓN DE LA VIDA. SE DICE QUE LA MUERTE NO SE CONVIERTE EN VIDA; LA MUERTE ESTA MAS ALLA DE LA CONCEPCION DE LA MUERTE. TANTO LA VIDA COMO LA MUERTE SON SOLO UNA ETAPA DEL TIEMPO, COMO EL INVIERNO Y LA PRIMAVERA. TAMPOCO DEBEMOS PENSAR QUE EL INVIERNO SE CONVIERTE EN PRIMAVERA, NI DECIR QUE LA PRIMAVERA SE CONVIERTE EN VERANO.

Dogen dice que las formas no se transforman en otras formas. El invierno sigue siendo invierno, el verano sigue siendo verano, pero hay algo en el interior que pasa de un clima a otro clima... que está más allá del nacimiento y la muerte, que está más allá de la vida, que simplemente es. Se le puede dar cualquier forma, pero no se le puede quitar su ser. Este isness es el mayor descubrimiento de Oriente, Occidente se lo ha perdido por completo.

Un haiku de Hokushi corre:

LA LUNA EN EL PINO; LA SIGO COLGANDO, LA QUITO Y LA CONTEMPLO CADA VEZ.

Te he dicho que la luna es uno de los grandes símbolos en la escuela de misterio del Zen... te encontrarás con la luna muchas veces desde diferentes aspectos.

LA LUNA EN EL PINO; LA SIGO COLGANDO...

Intenta entender la poesía.

LO CUELGO, LO QUITO Y LO MIRO CADA VEZ.

Desde luego, no puedes colgar la luna y quitártela; pero lo que sí puedes hacer es abrir los ojos y cerrarlos. Cuando cierras los ojos te llevas la luna contigo. Cuando abres los ojos traes la luna de vuelta. Y mirarla siempre... nunca satisface el deseo, el anhelo de belleza.

Otro haiku dice: LA LUNA LLENA; LAS ESTRELLAS SIN NÚMERO; EL CIELO VERDE OSCURO.

No se trata de poemas corrientes, sino de expresiones de meditación profunda. Se ha descubierto que la noche, y en particular las noches de luna, son un gran apoyo para la meditación. Ahora bien, incluso la ciencia sospecha que la luna tiene un cierto efecto sobre la mente; porque la mayoría de las personas que enloquecen, enloquecen en una noche de luna llena, de ahí la palabra "lunático". Viene de la luna, la luna. Otra palabra es "lunático".

....

Más personas se suicidan en luna llena que en cualquier otro momento, y más personas se han iluminado en luna llena que en cualquier otro momento. La ciencia tiene sus propias razones.... La Luna es en realidad una parte de la Tierra. Hace unos cuatro mil millones de años, una gran parte de la Tierra se separó de ella. Todos nuestros grandes océanos se deben a ese trozo; se dejaron valles profundos para que la lluvia los llenara y se convirtieron en los océanos.

La luna tiene una sexta parte de la fuerza gravitatoria de la tierra, porque es una sexta parte de su tamaño. Eso significa que mirando a la luna, poco a poco, te vuelves más ligero, la gravitación es menor en tu ser.

Esa es la explicación de los científicos. Y puedes ver el efecto en los mares, porque están ocupando el lugar de la luna... donde solía estar la luna. Por eso en luna llena hay grandes mareas. En el cuerpo humano hay un ochenta por ciento de agua, agua del océano con los mismos químicos.

Igual que las mareas surgen en el océano, algo surge en el ser humano. Si vas por el buen camino, quizá te ilumines.

Y si va por mal camino puede suicidarse o cometer un asesinato o volverse loco... hay miles de caminos. Pero sólo hay un camino que llega a su máxima sensibilidad, el camino de la meditación, el camino de cerrar todas las puertas salientes y estar dentro.

Y de vez en cuando estos meditadores Zen han abierto los ojos y han visto la luna o una puesta de sol o un loto, y de su meditación ha surgido cierta expresión. Sólo a través de la meditación serás capaz de entenderla - no es poesía, no está escrita con la mente, es un sentimiento del corazón.

UNA LUNA LLENA; ESTRELLAS SIN NÚMERO; EL CIELO VERDE OSCURO.

Si estás en meditación profunda y ves este cielo oscuro con tantas estrellas y una sola luna, inmediatamente tu silencio se hará inconmensurablemente más profundo.

Estos haikus carecen de sentido para quienes no han experimentado ninguna meditación.

Un haiku de Shiki:

LUNA DE NOCHE:

LAS FLORES DE CIRUELO EMPIEZAN A CAER SOBRE EL

LAÚD.

Son imágenes vistas por una conciencia profundamente meditativa. No significan nada, no se supone que tengan ningún significado, son pictóricas.

Una vez le preguntaron a Picasso... Un hombre le observó pintar continuamente durante horas; finalmente le dijo: "No me resisto a preguntar, porque llevo horas viéndote pintar, pero no encuentro ningún sentido a lo que pintas. ¿Qué es? ¿Cuál es su significado?".

Picasso miró al hombre y le dijo: "No lo sé. Puede preguntárselo usted mismo al cuadro".

El hombre le dijo: "¿Estás loco o qué?".

Picasso dijo: "Tal vez, pero nadie le pregunta a la rosa: '¿Por qué eres tan hermosa? ¿Por qué estás aquí?

Nadie pregunta por una puesta de sol, nadie pregunta por una luna llena, pero todo el mundo sigue acosándome: "¿Cuál es el significado de tu cuadro?".

No tiene significado, es una declaración. Lo he disfrutado enormemente, sólo los colores, fluyendo entre sí, creando extraños patrones".

El significado ya no es relevante en el mundo de la belleza. ¿Y en el mundo de la meditación?

No tiene sentido, sólo significado. Por eso los que han experimentado han callado, o han hablado sólo para mostrarte el camino a seguir.

Pregunta 1:

Maneesha ha preguntado,

NUESTRO QUERIDO MAESTRO,

¿CUÁL ES NUESTRA INVERSIÓN EN LA REPRESIÓN DE NUESTRA MEMORIA DE MUERTES ANTERIORES?

¿NO ES CIERTO QUE SI PUDIÉRAMOS RECORDAR NUESTRAS MUERTES PODRÍAMOS PERDER EL MIEDO A LA MUERTE Y ASÍ PODER VIVIR UNA VIDA SIN MIEDO?

Maneesha, esta es sin duda una de nuestras grandes inversiones para olvidar el pasado, la vida anterior.

Porque si lo recuerdas, no serás tan estúpido como para repetir el mismo juego otra vez.

Lo has hecho tantas veces; te has enamorado, te has desenamorado, tantas veces... ¡tantos romances! Nuestra gran inversión es que cada vez que vamos a ver la misma película nos olvidamos de que ya la hemos visto antes. Si no, no irás a ver la película, con una vez basta.

Pero en la vida el trabajo no se completa de una vez, en una vida. Tu verdadero trabajo se pospone y sigues jugando a juegos que no son más que chiquilladas. La gran inversión es que no debes recordar todo tu pasado, de lo contrario te sentirás tan idiota que disfrutar de la vida será imposible. Sólo el suicidio te parecerá correcto. Pero el suicidio no te lleva a ninguna parte, sólo entra en tu conciencia en otro vientre de tipo inferior, porque no pudiste arreglártelas para vivir en un nivel superior.

La inversión también incluye olvidar que alguna vez has muerto. Siempre es otro el que muere, tú nunca mueres. Obviamente, todos los días ves y oyes que alguien ha muerto, pero nunca oyes que tú has muerto. Excepto en esta Sala de Buda, donde oyes todos los días: "Ahora muere y no retengas nada, muere completamente".

La gente de fuera pensará: "Esto es una casa de locos. Las personas que están plenamente vivas mueren de repente y luego no esperan mucho... ¡cuando se les llama para que vuelvan, enseguida están de vuelta, sentados como Budas!".

Estamos dejando claro a través de nuestras meditaciones que así es como ha estado sucediendo, has estado muriendo muchas veces y volviendo de nuevo. Ya sea que vengas después de nueve meses... una pérdida de tiempo innecesaria, la vida de una mujer... luego creces y juegas el mismo papel que jugabas antes....

En Oriente, el mundo se llama sansara. Sansara significa la gran rueda de la vida y la muerte. Sigue moviéndose, la misma rueda, y tú te aferras a la rueda y sigues moviéndote con ella de una muerte a otra, de una vida a otra. La inversión es que, a menos que aprendas la lección, no puedes salir de este círculo vicioso de vida y muerte. Pero puedes salir. Cada noche lo intentas; saltas un poco... es la vieja costumbre; cuando vuelves sólo intentas averiguar dónde está la rueda. Pronto has olvidado el centro que estaba más allá de la vida y la muerte; de repente recuerdas: "¿Dónde está la cantina?".

Uno, naturalmente, siente hambre después de una experiencia tan agotadora de morir y volver, convertirse en Buda... sabiendo muy bien que cualquiera puede ser Buda, "Pero yo no; tengo a mi mujer, tengo a mis hijos de los que ocuparme. Sólo por un momento está bien, pero veinticuatro horas siendo un Buda no sólo será aburrido, también será una tortura para los demás."

Desde mi infancia me interesaba sentarme y no hacer nada. Nunca he hecho deberes; mis profesores se enfadaban: "¿Qué haces todavía en casa?".

Le dije: "Me siento y disfruto".

Mi familia, y cualquiera que pasara por allí, solía decirme: "¿Qué haces?".

Dije: "No hay necesidad de hacer nada, ¡basta con estar!".

Y me miraban y decían: "¡Estás loco! Haz algo, si no acabarás siendo nada".

Y tenían razón, acabé siendo nada. Pero estoy inmensamente feliz de haber empezado muy pronto a ver que la mayor alegría está dentro, nadie me la puede dar. Nunca he participado en ningún juego, nunca me he preocupado de ningún trabajo que necesitara la familia. Poco a poco, mi familia empezó a asumir que yo ya no estaba, que el hecho de que estuviera o no daba lo mismo.

He disfrutado con las caras de mi familia cuando me miraban como si estuvieran viendo a un loco; todavía disfruto recordándolo. Naturalmente, si no haces nada la gente piensa que estás malgastando tu vida. La realidad es que cuando no haces nada, cuando te limitas a ser, estás encontrando el camino hacia tu destino final.

Antes de morir y convertirnos en Budas... una vez más, porque uno nunca sabe sobre el mañana, así que mejor convertirse en esta noche....

Sólo un poco de risa, porque Sardar Gurudayal Singh está esperando muy tranquilo. Y Avirbhav....

Cuando el gorila Gozo muere, su compañera, Gertie, se pone muy cachonda. Al cabo de unos meses, empieza a ponerse violenta, ya que su necesidad de sexo aumenta. Finalmente, los cuidadores del zoo deciden conseguir un hombre que le haga el amor.

Van al centro y recogen a José, un mexicano corpulento, y le ofrecen veinte dólares por hacer el trabajo.

Le ponen un bozal en la boca a Gertie, le atan los brazos a los barrotes y dejan entrar al mexicano en la jaula. Cuando Gertie ve que José tiene una erección, se vuelve loca. Le arranca los brazos de los barrotes y empieza a abrazarle.

"¡Socorro!", grita José. "¡Por el amor de Dios, ayuda!"

"No te preocupes", grita el cuidador. "¡Cogeremos la escopeta de elefantes y le dispararemos!".

"¡Idiota!" grita Jose. "¡No le dispares! Sólo quítale el hocico: Quiero besarla".

Dodoski atraviesa tiempos difíciles, así que recurre al crimen. Secuestra al hijo de seis años del hombre más rico de Varsovia. Dodoski escribe la nota de rescate, en la que pide medio millón de dólares y firma con su nombre.

Pero ha olvidado la dirección del rico. Así que le da la nota al chico y le dice que se la lleve a su padre.

El chico lo hace, y cuando vuelve con el dinero, tiene una nota de su padre.

Dice: "Toma, coge el asqueroso dinero, rata. Son tipos como tú los que nos dan mala fama a los polacos".

Tras una noche de fiesta desenfrenada, Swami Deva Coconut es llevado a misa el domingo por la mañana por su novia católica, Beverly. Como desconoce totalmente los diversos rituales, Beverly le instruye constantemente.

"Bendícete", susurra. "Ahora arrodíllate - siéntate - levántate - vuelve a sentarte - persíguete..." - y así sucesivamente.

Transpirado por toda esta actividad, Coconut saca un pañuelo del bolsillo para limpiarse la cara.

Luego se lo pone en el regazo para que se seque.

Al ver esto, Beverly se inclina y susurra: "¿Tienes la cremallera abierta?".

"No", se apresura a responder Coconut, "¿debería?".

Donald Dickstein entra en la consulta de un óptico con una caja de cartón. Se la entrega al óptico, que la abre y exclama: "¡Vaya! Es el zurullo más grande que he visto nunca".

"¿No es una belleza?", dice Donald. "Lo hice yo mismo".

El óptico se queda muy impresionado y dice: "Debe medir al menos 60 centímetros".

"Veinticinco pulgadas y media, para ser exactos", presume Donald. "Y tres pulgadas de diámetro".

"Increíble", dice el óptico. "¿Cuánto pesas?"

"Dos libras y media", es la orgullosa respuesta.

"¡Es increíble!", exclama el óptico, incapaz de apartar los ojos del magnífico ejemplar.

"¿Pero por qué me lo traes a mí? Soy óptico".

"Verás", dice Donald, "tengo un problema. Cada vez que hago uno de estos monstruos, me lloran los ojos".

Ahora, Nivedano, haz un buen trabajo porque el skinhead Niskriya es back....

Nivedano...

(Golpe de tambor)

(Rigmarole)

Nivedano...

(Golpe de tambor)

Cállate...

DOGEN: EL MAESTRO ZEN

Cierra los ojos...

No hay movimiento del cuerpo.

Deja que toda tu conciencia se reúna en tu interior.

Cada vez más profundo...

Estás entrando en tu estado búdico.

Entra sin miedo, es tu propia casa.

Si esto no se sabe, todo conocimiento es inútil.

Si no experimentas esto, habrás malgastado tu vida en cosas mundanas.

Este es el momento sagrado, bébelo lo más profundamente posible.

Empapa hasta el fondo.

La budeidad no es un logro, es sólo un descubrimiento, es meterse en la bolsa de papel.

Tú no eres tus huesos

no eres tu cabeza

Ni siquiera eres tu corazón

Tú eres este más allá, este silencio.

Incluso por un momento puedes experimentarlo

toda tu vida tendrá una transformación.

Para que quede más claro, Nivedano...

(Golpe de tambor)

Relájate... déjate llevar... muere.

Muere al mundo, muere al cuerpo,

morir a la mente,

para que sólo lo eterno permanezca en ti.

Este eterno sin forma te trae un nuevo nacimiento.

Has entrado como ser humano,

puedes salir de este vientre de ultratumba

como un buda

Esta dicha, este silencio,

estas rosas que florecen dentro de ti,

son su derecho de nacimiento. Uno puede permanecer ignorante pero uno no puede ser otra cosa que un buda...

despierto, iluminado,

que es nuestro propio destino.

Nivedano....

(Golpe de tambor)

Devuelve

sin olvidar la experiencia,

siéntate un rato, sólo unos momentos

Abandona la duda de que no puedes ser un Buda.

Lo eres. A pesar de ti mismo, lo eres.

Si esto se convierte en una corriente subterránea de veinticuatro horas,

despierto o dormido, tu vida sabrá

en qué consiste esta existencia.

Conocerás la libertad, la máxima libertad

qué has estado anhelando

por muchas, muchas vidas.

No te lo pierdas esta vez.

¿De acuerdo Maneesha?

Sí, querido maestro.

¿Podemos celebrar diez mil Budas juntos?

Sí, querido maestro.

La luna nunca rompe el agua

NUESTRO QUERIDO MAESTRO,
DOGEN ESCRIBIÓ:
CUANDO ALCANZAMOS LA ILUMINACIÓN, ES COMO LA LUNA REFLEJADA EN EL AGUA. LA LUNA NO SE MOJA, NI EL AGUA SE ROMPE. LA LUZ DE LA LUNA, TAN VASTA COMO ES, SE REFLEJA EN UNA PEQUEÑA CANTIDAD DE AGUA. TODA LA LUNA Y TODO EL CIELO SE REFLEJAN INCLUSO EN UNA GOTA DE ROCÍO SOBRE LA HIERBA, O EN UNA GOTA DE AGUA.

COMO LA LUNA NUNCA ROMPE EL AGUA, ASÍ LA ILUMINACIÓN NUNCA DESTRUYE AL HOMBRE. COMO LA GOTA DE ROCÍO NUNCA OBSTRUYE EL REFLEJO DE LA LUNA, ASÍ EL HOMBRE NUNCA OBSTRUYE LA LLEGADA DE LA ILUMINACIÓN. CUANTO MÁS PROFUNDO SE REFLEJA LA LUNA EN EL AGUA, MÁS ALTA ES LA LUNA. DEBEMOS DARNOS CUENTA DE QUE LO LARGO Y LO CORTO DEL TIEMPO SON TOTALMENTE UNO CON LO GRANDE Y LO PEQUEÑO DEL AGUA, Y LO ANCHO Y LO ESTRECHO DE LA LUNA.

Maneesha, Dogen está planteando un punto muy específico. Merece tu absoluta atención y preocupación, porque está diciendo que nadie obstruye tu iluminación. Entonces, ¿por qué no estás iluminado?

Nadie en toda la existencia está interesado en convertirse en un obstáculo para ti. Es algo de gran importancia que debe ser comprendido.

A medida que avanzamos en el sutra, me gustaría aclararte qué es lo que obstruye. Ciertamente, tú no lo obstruyes. Y la existencia la ama, se regocija en ella. El universo entero danza en la iluminación de cada hombre. Una parte de él, que había estado buscando a tientas en la oscuridad, ha vuelto a casa en todo su esplendor. Toda la existencia le recibe con una lluvia de flores. Así que no hay ninguna cuestión de obstrucción de la existencia. Y no hay duda acerca de ti mismo. Entonces, ¿quién está obstruyendo?

Ciertamente hay obstrucciones; de otro modo no habría necesidad de iluminarse - ya estarías iluminado. No habría necesidad de que ningún maestro te lo dijera. Es un poco complicado, pero no tanto como para que no puedas resolverlo y superarlo. dice dogen:

CUANDO ALCANZAMOS LA ILUMINACIÓN, ES COMO LA LUNA REFLEJÁNDOSE EN EL AGUA...

Tan tranquilo, tan silencioso. La luna se refleja en la superficie del agua. De hecho, no pasa nada.

La luna está en su sitio, no se ha movido ni un milímetro hacia el agua; ni el agua se altera un ápice.

Pero en un lago silencioso el reflejo de la luna se vuelve aún más bello que la luna misma, porque el lago también le añade algo de belleza. La hace más viva y más frágil.

LA ILUMINACIÓN -según Dogen, y estoy absolutamente de acuerdo con él- ES COMO LA LUNA REFLEJÁNDOSE EN EL AGUA. No hay ningún esfuerzo por parte del agua que la luna tenga que reflejar. No hay ningún mandamiento que cumplir, ninguna doctrina que practicar, ninguna postura de yoga... para que la luna se refleje en el agua. No hay ni siquiera un deseo, ni siquiera un anhelo... ni siquiera un leve anhelo. Y lo mismo ocurre con la luna: la luna no tiene ningún deseo de reflejarse. Ambas no tienen deseos, pero el reflejo se produce por sí mismo. Lo mismo ocurre con la iluminación. Sólo en una conciencia tranquila y pacífica refleja de repente tu budeidad.

Pero el lago tiene que estar tranquilo. Si hay demasiadas ondas o demasiadas olas en el lago, el reflejo se romperá. El reflejo puede romperse en muchos lugares y no podrás ver la luna, sólo una línea plateada que se extiende por el lago. No será un reflejo real, no será representativo de la luna. El lago, cuando está silencioso y quieto, sin hacer nada... ni siquiera olas...

y la luna refleja

Tu conciencia tiene su propia forma de hacer olas, ondas. ¿Qué son tus pensamientos sino ondas en un lago? ¿Qué son tus emociones, tus estados de ánimo, tus sentimientos? ¿Qué es toda tu mente? - Sólo una agitación. Y debido a esta agitación no puedes ver tu propia naturaleza. Sigues perdiéndote. Te encuentras con todos en el mundo y nunca te encuentras contigo mismo.

LA LUNA NO SE MOJARÁ...

Evidentemente, no se trata de que la luna se moje porque se refleje en el lago. ...

EL AGUA NO SE ROMPE - por la luna.

La luna no es como una piedra que se ha tirado al agua, es sólo un reflejo. Cuando te pones delante de un espejo no lo molestas. Vas y vienes; el espejo permanece exactamente en su posición, imperturbable.

LA LUZ DE LA LUNA, POR INMENSA QUE SEA, SE REFLEJA EN UNA PEQUEÑA CANTIDAD DE AGUA.

TODA LA LUNA Y TODO EL CIELO SE REFLEJAN INCLUSO EN UNA GOTA DE ROCÍO, EN LA HIERBA O EN UNA GOTA DE AGUA.

COMO LA LUNA NUNCA ROMPE EL AGUA, ASÍ LA ILUMINACIÓN NUNCA DESTRUYE AL HOMBRE.

Esta es una gran afirmación. No destruye al hombre, pero destruye la sombra del hombre con la que te identificas. Elimina todo lo que es falso y deja sólo lo real, lo auténtico, lo honesto.

COMO LA GOTA DE ROCÍO NUNCA OBSTRUYE EL REFLEJO DE LA LUNA, ASÍ EL HOMBRE NUNCA OBSTRUYE LA LLEGADA DE LA ILUMINACIÓN. CUANTO

MÁS PROFUNDA ES LA LUNA REFLEJADA EN EL AGUA, MÁS ALTA ES LA LUNA. DEBEMOS DARNOS CUENTA DE QUE LO LARGO Y LO CORTO DEL TIEMPO SON BASTANTE PARECIDOS A LO GRANDE Y LO PEQUEÑO DEL AGUA, Y A LO ANCHO Y LO ESTRECHO DE LA LUNA.

¿Cuál es tu sombra que obstruye tu realidad? Tienes que comprender perfectamente tu sombra: es tu personalidad. Es lo que te han propuesto ser, es lo que te han educado para ser. Son todas esas voces de tus madres y padres, de tus maestros. Crean tu personalidad; crean una pseudo-dad a tu alrededor. Tu conocimiento... nadie te ha preguntado si es tuyo.

Me han echado de muchas universidades. Los directores me llamaban y me decían: "No puedes acosar a mi profesor".

Le dije: "Tu profesor ha hecho unas declaraciones, y yo simplemente le he preguntado: '¿Es ésta tu propia experiencia? ¿Llama a eso intimidación? ¿Quiere expulsarme, o debería expulsar a un hombre que está enseñando algo que no es su propia experiencia?". Yo les diría a los directores: "Llama a ese profesor que me ha demandado. Tiene que tratar conmigo.

No me importa ningún examen ni ningún título, y no me importa tu universidad. Pero hay que arreglar las cosas".

Incluso los directores me dijeron: "Tienes razón, pero no entiendes nuestro problema. Todos tomamos prestado el conocimiento. No sabemos exactamente cuál es la verdad, pero hablamos de ella. Usted es un incordio. Nadie más hace esas preguntas. Ahora bien, este profesor -que incluso ha amenazado con dimitir si no se le expulsa inmediatamente de la universidad- es un hombre mayor, muy veterano. Está casi jubilado y nunca ha sido violento ni se ha enfadado. No ha habido nada contra él durante sus veinte años de servicio en la universidad. Y de repente le ha vuelto casi loco. Lleva tres días sin venir, ha cerrado las puertas, no quiere hablar con nadie de la escuela, no contesta al teléfono. Acaba de escribir una nota: 'A menos que expulsen a ese alumno, no vendré a la escuela'".

Le dije: "No hay problema. Puedes expulsar a toda la universidad, no tienes que preocuparte por eso".

Pero seguiré a ese hombre, con o sin universidad. Conozco su casa. Puede que no sea estudiante en su universidad, eso no significa... ¿Dónde va a vivir? Llamaré a sus puertas. Tienes que reconocer el hecho de que tu conocimiento es prestado o tienes que hablar honestamente desde tu experiencia.

Sólo quiero provocarle".

Me sorprendió saber que grandes profesores... porque he estado en muchas universidades, fue una gran oportunidad. Normalmente, uno acaba en una sola universidad. Me expulsaron de una escuela a otra, y después de una universidad a otra. La segunda universidad me aceptó con la condición de que no molestara a los profesores.

Le dije: "¿Qué clase de pobreza es ésta? Si no sabes la respuesta puedes decir: 'No lo sé'. Pero eso hiere tu ego".

Me pidieron que escribiera que me aceptaban con la condición de que no asistiera a ninguna clase. Qué raro. No creo que esto le haya pasado a nadie más en todo el mundo. "Si no voy a asistir a las clases, ¿por qué me admiten? ¿Y cómo voy a gestionar mi porcentaje de asistencia para poder presentarme al examen?".

El vicerrector dijo: "Yo me ocuparé de tu porcentaje. Estás ahí, ¡al cien por cien! Esa es mi promesa. Pero, por favor, no vayas a ninguna clase, porque he oído hablar mucho de ti a otros profesores y directores. El otro vicerrector que te ha expulsado me llamó por teléfono: "Ten cuidado con este chico. Te acepto porque veo que no estás equivocado, sino que todo nuestro sistema está equivocado. Tu único defecto es que señalas nuestra herida. Puedo entenderte; por eso te admito.

"Pero los profesores no podrán entenderlo. Eres tan certero en dar en el punto débil como estos profesores ordinarios... después de todo ellos sólo trabajan por dinero; no hay cuestión de verdad o bien o belleza. No les importan estas cosas, les importan sus sueldos, les importa su posición, es político: el profesor quiere ser el lector, el lector quiere ser el profesor, el profesor quiere ser el jefe del departamento, el jefe del departamento quiere ser el decano de la facultad, el decano quiere ser el vicerrector... a nadie le importa lo que pides. Así que tu presencia ha creado miedo".

Tuve que aceptarlo, pero mientras firmaba el acuerdo y él mi ingreso, le dije: "Al menos puedo conocer a los profesores por el camino, puedo llamar a sus puertas. La promesa es sólo para las clases. Puedo ir a la biblioteca, estas cosas no están incluidas".

Dijo: "Esto es duro".

Y yo solía hacer eso: llamar a las puertas de los profesores. Y ellos me decían: "Déjanos en paz.

Estamos cansados. Las preguntas que nos hacen no tienen respuesta. No sabemos, no somos buscadores; sólo somos educadores. Hemos aprendido de otros que han aprendido de otros. No sabemos lo que enseñamos, si es verdad o si sólo repetimos supersticiones". Los pillaba en la biblioteca.

Y el vicerrector me dijo: "Mira, tú paras a los profesores por el camino cuando están llegando a sus clases, y les preguntas: 'Por favor, responda a esta pregunta antes de entrar en clase, porque yo no puedo entrar en clase'. No forma parte de nuestro acuerdo, así que no puedo insistir en ello, pero no acoses".

Le dije: "Pero puedo quedarme fuera del aula y gritaré la pregunta por la ventana. Así que será mejor que lo resolvamos aquí. Nunca entraré en el aula, pero el resto no forma parte del trato".

El vicerrector había olvidado que todas las aulas tenían una ventana. "Puedo estar fuera, al aire fresco, en lugar del aire podrido de dentro, y puedo preguntar lo que quiera.

"Y debes entender claramente, que si yo hago una pregunta y el profesor no la responde, entonces toda la clase hará la misma pregunta. Lo que preguntes no forma parte del acuerdo".

Solía distribuir mi pregunta a toda la clase: "Si no me responden, uno a uno se levantan y hacen la pregunta... ¡hasta que acabe!".

Pero, ¿quién impide a todas estas personas que sepan ver que su propio conocimiento es la barrera?

Dogen tiene razón en que la iluminación es tu ser natural, tan natural como la luna reflejada en el lago silencioso. No hay esfuerzo en ninguna parte, no hay deseo en ninguna parte... es un acontecimiento. Pero no te han dejado un lago limpio y silencioso. Te han impuesto tanta basura -en nombre de la religión, en nombre de la política, en nombre de la sociedad- que eso es lo que está haciendo la barrera. Y la pobre luna no puede reflejarse en ti. Tienes que destruir todo ese muro que te impide ver las cosas como son, no como te las han contado. Tienes que deshacerte de toda la ideología que te han implantado, de todos tus condicionamientos.

Incluso he visto a personas muy inteligentes comportarse de una forma tan supersticiosa que resulta increíble. Hay países en los que se cree que el número trece es un número peligroso. Quizá alguien murió o se suicidó en el trece hace mucho tiempo; quizá alguien saltó desde el decimotercer piso de un hotel, y ahora la gente está segura de que da mala suerte. Hay hoteles que no tienen habitación número trece; después del doce salta al catorce. No tienen planta trece; después de la doce viene la catorce. Es la decimotercera, pero el hotel no la reconoce como tal.

La gente no se casa el trece, por miedo a que la vida sea una miseria; y no miran a su alrededor para ver que tanto si te casas el trece como el catorce o el quince, el matrimonio va a ser una miseria. No eches la culpa a las fechas, ni a los días. El matrimonio en sí es un deseo de ser miserable, un deseo profundo... una asociación en la miseria.

"Estás muy guapa" significa: "Te ves muy miserable. Yo también soy muy miserable... estemos juntos"

- como si por estar juntos la miseria fuera a desaparecer. Pero no desaparecerá, no sólo se duplicará, sino que aumentará mucho más que el doble.

Todo el mundo lo sabe, pero seguimos con nuestro condicionamiento. Si no te has casado, todas las personas casadas que conoces sienten lástima por ti: "Pobre hombre, se ha quedado soltero; no conoce la felicidad de la miseria".

Cuando volví de la universidad, a mis padres les preocupaba que me casara. Pero tenían miedo incluso de pedírmelo porque sabían que una vez que dijera que no, sería para siempre. Así que no había manera de arrastrarme a decir que sí. Sabían perfectamente que era absolutamente improbable que dijera que sí. Entonces, ¿cómo pedirlo? Ese era su problema.

Les dije: "Parece que todo el mundo quiere preguntarme algo, y yo estoy dispuesto. Así que, ¿por qué no lo preguntáis? Susurráis entre vosotros".

Finalmente, mi padre encontró un amigo, un abogado del Tribunal Supremo, un hombre de mucho éxito en su profesión.

Le preguntó: "No estamos en condiciones ni de pedirlo. Ahora tenéis que hacer algo".

Me dijo: "No te preocupes. Todo el país sabe que cuando tomo un caso en mis manos..."

Mi padre dijo: "Este no es el tribunal supremo, y este no es un caso ordinario. Te lo advierto: si tienes algún problema, no me haré responsable".

Me dijo: "¿Qué problema hay? Voy a ir este fin de semana a hablar con tu hijo y me ocuparé de ello. Es cuestión de discutir".

Mi padre dijo: "No lo conoces, pero ven. Todos lo disfrutaremos".

Así que todo el mundo estaba listo. El vino. Le toqué los pies porque era amigo de mi padre, y fui tan respetuoso como siempre. Le dije: "Antes de que comience el debate..."

Dijo: "¿Qué debate?"

Le dije: "Tú lo sabes, yo lo sé y todos los presentes lo saben. Pero antes de empezar, quiero que respondas sinceramente a una pregunta: ¿Estás satisfecho en tu matrimonio? He informado a tu mujer, y si dices algo malo... ella está sentada en la otra habitación".

Dijo: "¿Qué? ¿Ella está aquí? Dios mío, no quiero meterme en esto".

Le dije: "Ni siquiera ha empezado".

Dijo: "No quiero aceptar el caso".

Le dije: "Este no es el tribunal. Has venido con el pecho tan ancho, y ahora de repente te has convertido en una rata. Tendré que lavarme las manos... Te he tocado los pies".

Era sólo una ficción, no le había preguntado a su mujer. Pero sabía que ella solía pegarle.

Dijo: "Tu padre me lo pidió".

Le dije: "Estoy perfectamente preparada. Si puedes convencerme de que el matrimonio es la forma correcta de vivir, me casaré. Pero si no puedes convencerme, tendrás que divorciarte".

Dijo: "Dios mío, tu padre tenía razón en que éste iba a ser un caso difícil. Ya me voy. No quiero decir ni una sola palabra. Déjame pensar. La semana que viene vendré".

Nunca venía. Pero cada semana iba a su casa y su mujer me preguntaba: "¿Qué pasa? Siempre que vienes, se esconde en el baño. Llamo a la puerta del baño y me dice: 'No, ahora no puedo salir. Dile que me deje en paz. Le tengo tanto miedo que no puedo ir al mercado porque, ¿quién sabe? - podría pararme en la calle y empezar la discusión. Y no puedo permitirme...'".

Entonces la esposa me dijo: "¿Pero qué pasa? ¿Por qué tienes tanto miedo?"

Le grité al abogado: "O sales o se lo diré a tu mujer".

Salió inmediatamente. Dijo: "Perdóname. Por el amor de Dios, deja el asunto. Nunca te lo plantearé a ti ni a nadie..."

La mujer le dijo: "¿Pero qué es lo que te da tanto miedo? Estás sudando y hay aire acondicionado. Se esconde y me dice que mienta que no está en casa. Y es tan testarudo que sigue volviendo".

Le dije: "Este es el problema, tienes que ser el juez. Este hombre, tu marido, quiere que me case. ¿Cuál es tu opinión?"

Me dijo: "¿Casarte? Si quieres ser desgraciada, cásate. Mira a este hombre. Lo he estado reformando desde el día que nos casamos. Casi he terminado con él. Pelea en la corte suprema como un león, y en la casa es sólo un perro callejero. Hasta los niños lo entienden. Hasta los niños le chantajean: "Danos cinco rupias o se lo diremos a mamá". Y él ni siquiera puede preguntar qué le van a contar; ha estado hablando con la mujer del vecino tan dulcemente".

Porque entonces la mujer sería muy peligrosa, le pegaría. Ahora el pobre hombre está muerto.

Les dije a mis padres y a mi familia: "No traigáis a otros innecesariamente, porque yo estoy fundamentalmente en contra del matrimonio. No se trata de que me case, para mí es fundamental que el matrimonio es una idea equivocada".

Dos personas pueden estar enamoradas y vivir juntas y en el momento en que su amor desaparezca -como todo desaparece en este mundo- deben marcharse con gratitud hacia el otro, con amistad, con recuerdos agradables de días pasados. El matrimonio es absolutamente antinatural. Por eso no se ven animales en los hospitales psiquiátricos. No se les ve tumbados en el diván del psicoanalista, no se vuelven locos.

Al hombre se le han impuesto tantas capas sobre todo; piensa que todos estos pensamientos son tuyos. Como buscador tienes que discriminar muy cuidadosamente entre lo que es tuyo y lo que te ha sido dado. Y cuando empieces a clasificarlo, te sorprenderá saber que no tienes nada propio. Sólo eres un lago silencioso. Y en ese lago silencioso surge tu Budeidad.

Tu naturaleza es, en su pureza, en su esplendor, en su felicidad.

Y nadie intenta impedir que te ilumines. Esas personas -esos maestros, esos padres- eran inconscientes; eran como inconscientes..... También fueron víctimas de sus padres, de sus maestros, de sus rabinos y sus pundits y sus shankaracharyas y sus papas. Fueron víctimas, y te han dado todo su sufrimiento y toda su miseria como herencia. Ahora tienes que desprenderte de toda esa carga. La budeidad es tu ser natural.

Deja a un lado todo lo que no esté surgiendo dentro de ti, floreciendo dentro de ti.

En cierto modo, al principio te sentirás pobre. Todo tu conocimiento ha desaparecido, todas tus supersticiones han desaparecido, tus religiones han desaparecido, tus ideologías políticas han desaparecido - te sentirás muy pobre. Pero esta pobreza tiene un valor tremendo, porque sólo en esta pobreza surge tu riqueza natural, tus flores naturales, tus éxtasis naturales. El hombre natural no es destruido por la iluminación. Pero tú no eres natural, estás contaminado.

Y todos perjudican a todos los demás al crear estas condiciones. En una sociedad mejor, a los niños no se les enseñará ninguna religión, ninguna política. Se les enseñará a pensar, a dudar, a no creer. Se les enseñará a ser más inteligentes, a ser más reflexivos. Y el mundo entero estará lleno de gente ilustrada.

La iluminación es sólo tu naturalidad. Esta es la gran aportación del Zen. Todas las demás religiones son sistemas de creencias, el Zen no lo es. Todas las demás religiones te pedirán que creas en Dios, en el cielo, en el infierno. Todas las demás religiones tendrán mil y una creencias. El Zen no tiene un sistema de creencias. Todo su esfuerzo consiste en descubrir tu ser natural, que está cubierto con el polvo de todo tipo de buenas intenciones, bellos pensamientos, grandes creencias. Hay que limpiar todo ese polvo. Y entonces te quedas solo en tu naturalidad.

Un haiku de Hoitsu:

BUDDHA:

CEREZOS EN FLOR

A LA LUZ DE LA LUNA.

Tan simple. Tan hermoso.

BUDDHA:

CEREZOS EN FLOR

A LA LUZ DE LA LUNA.

ryota escribió:

TAN BRILLANTE LUZ DE LUNA:
SI ALGUNA VEZ VUELVO A NACER -
¡UN PINO DE LA COLINA!

Pide que si va a nacer de nuevo, le gustaría ser un pino en la colina. Qué luna tan bonita, colgando sobre el pino de la colina...

Estas personas no son poetas corrientes. Están expresando un genuino anhelo de ser naturales, pacíficos, silenciosos... ¡Un pino de montaña! ...porque el hombre parece estar tan loco.

Otro poeta Zen:
BUSCÁNDOLO
TOMÓ MI FUERZA
UNA NOCHE ME DOBLÉ
MI DEDO SEÑALADOR -
¡NUNCA UNA LUNA COMO ESTA!

Estas personas son poetas naturales. Han abandonado todas las ideologías. Han empezado a asociarse con los pinos, las nubes y los relámpagos; con las colinas, con los ríos, con el océano. Han abandonado el mundo humano, que es absolutamente falso, y han recuperado sus raíces en la naturaleza.

Esta es, en mi opinión, la única religión del mundo que merece llamarse religión. Todas las demás religiones no son más que explotaciones del hombre y de su búsqueda de sí mismo. Son desviaciones, distracciones. Te alejan de ti mismo, no te llevan a casa.

Pregunta 1:
preguntó Maneesha:
NUESTRO QUERIDO MAESTRO,
DOGEN PARECE DECIR QUE CUANTO MÁS PROFUNDA LLEGA LA ILUMINACIÓN A UNO MISMO, MÁS PODEROSA ES LA ILUMINACIÓN. ¿ES CIERTO QUE NO HAY GRADOS DE ILUMINACIÓN -QUE UNO ESTÉ ILUMINADO O NO- SINO QUE LA ILUMINACIÓN, COMO EL VINO, SE HACE CADA VEZ MÁS MADURA?

Maneesha, tu comprensión es correcta. No hay grados de iluminación - o estás iluminado o no lo estás. Pero ciertamente, a medida que la iluminación se profundiza, madura, alcanza tus mismas raíces... Es el símbolo correcto: como el vino, cuanto más viejo, mejor.

Hay coleccionistas de vino... Puedes encontrar vino de cincuenta años, vino de cien años... todos son vinos. El vino fresco recién sacado del huerto también es vino. Pero un vino centenario ha alcanzado una cierta calidad de intensidad, una densidad, de la que carecen los recién llegados. Hay expertos en el mundo que pueden decir exactamente, con un solo sorbo, la edad del vino.

Sucedió en una taberna que un hombre dijo al camarero: "Aquí tiene cien dólares. Si está dispuesto a apostar conmigo, probaré cualquier vino que quiera y le diré su año exacto". Fue increíble, porque la cata de vinos es un arte muy fino. La oferta fue aceptada. Cada vez que digas el año exacto de elaboración del vino, el camarero te pagará cien dólares.

Siguió probando y contando el año exacto. Fue tan asombroso, que todos los bebedores y borrachos que estaban allí sentados en diferentes bancos se reunieron alrededor; incluso los que estaban completamente borrachos se despertaron: "¿Qué está pasando?" Y el hombre era asombroso.

Entonces, de repente, un hombre del fondo dijo: "Yo también quiero participar en el concurso porque tengo un vino. Si me puede decir..."

Así que le trajo una taza llena. El hombre lo probó, lo escupió y dijo: "¡Idiota! Esto es orina humana".

Pero el hombre dijo: "¿De quién? Sé que es orina humana, pero ¿de quién? Si no puedes decirme de quién, no eres muy buen catador".

Ciertamente, la iluminación no tiene grados, pero a medida que pasa el tiempo se profundiza, se agudiza, madura, se enriquece cada vez más.

Antes de entrar en nuestra meditación diaria... Los bambúes están tan silenciosos, esperando tu risa.

Y recuerda una cosa, cuando te rías, no lo hagas sólo por conformismo.

Segundo, cuando te rías, ríete del todo, sin tonterías. No te guardes nada.

Aprende a reírte de Sardar Gurudayal Singh, que es una risa en sí mismo, una auténtica broma. Es el único hombre en todo el mundo que he conocido que se ríe antes de un chiste. Hay gente que se ríe en mitad del chiste porque de repente se da cuenta de lo que va a pasar. Pero desde el principio, cuando ni siquiera he empezado... ese es el hombre que se ríe de verdad, de verdad. Y sé... que tiene sus discípulos. Es un viejo sannyasin muy respetado. La gente se sienta a su alrededor sólo para reír.

Joe Speak-Easy, abogado de éxito, está casado con una mujer que le regaña constantemente. Le regaña por su aspecto, por lo mucho que bebe, por lo poco que la quiere, por casi todo. Así que Joe empieza a quedarse hasta tarde en su despacho para evitarla.

Un día, tras semanas defendiendo a un cliente llamado William Wright que está siendo juzgado por asesinato, Joe llega a casa muy deprimido. Ha perdido el caso y Wright va a ser ejecutado esa misma noche a menos que el gobernador lo indulte.

Cuando Joe entra en casa, su mujer empieza: "¿Dónde has estado? Son más de las diez".

"Ah, nag, nag, nag", dice molesto, y va a servirse un trago.

"En cuanto llegas a casa", le dice su mujer, "empiezas a beber. Ni siquiera me saludas".

"Ah, regaño, regaño, regaño", suspira Joe. Luego sube a bañarse y le dice a su mujer que está esperando una llamada del gobernador.

Mientras estaba en el baño, llega la llamada: Wright ha sido indultado. La mujer de Joe decide darle ella misma la buena noticia. Cuando entra en el cuarto de baño, Joe está desnudo, inclinado sobre la bañera.

"Oye, Joe", dice su mujer. "No van a colgar a Wright esta noche".

Joe responde: "¡Ah, quejica, quejica, quejica!".

El viejo Zeb, granjero de los bosques de Virginia, lleva años follándose a uno de sus cerdos favoritos.

De repente, a Zeb le asaltan punzadas de culpa y conciencia que le torturan tanto que decide ir a confesarse con el cura. El padre Fungus está conmocionado y no sabe muy bien cómo actuar.

"Bueno", le dice el cura al viejo Zeb, "dime, ¿el cerdo es macho o hembra?".

"Es mujer, por supuesto", resopla Zeb. "¿Qué crees que soy, una especie de pervertido?"

El Papa polaco está sentado en el tren con Ronald Reagan cuando regresan a Washington desde Killjews, Alabama. El Papa entabla conversación con dos negros corpulentos, Rufus y Leroy, en el compartimento.

"Hola, caballero", dice el Papa. "¿Adónde va?"

"DC" dice Rufus.

"¿Qué ha dicho?", pregunta el presidente ligeramente sordo.

"Dice que van a Washington, DC - como nosotros", dice el Papa. "Díganme", continúa el polaco, "¿qué les trae a Washington?".

"Conocemos a una chica muy elegante allí arriba", sonríe Leroy.

"¿Qué ha dicho?" Ronnie pregunta, oyendo mal.

"Dice que tienen una novia ahí arriba", le grita el Papa al presidente. Luego, volviéndose hacia los negros, el Papa polaco dice: "Debe ser una gran chica para que vengas a verla".

"Seguro que sí", sonríe Rufus.

"Claro", dice Leroy. "Es una perra genial. Lleva botas negras con espuelas, lleva un látigo y se entrega a todas las delicias conocidas por el hombre".

"¿Qué ha dicho?", grita el presidente sordo.

Pope el polaco se vuelve hacia Ronnie y le grita: "¡Dice que conocen a Nancy!".

DHAMMA BUDDHA

Ahora... Nivedano...
(Golpe de tambor)
(Rigmarole)
Nivedano...
(Golpe de tambor)
Guarda silencio... cierra los ojos...
ningún movimiento corporal.
Reúne tu conciencia en tu interior.
Más profundo... y más profundo...
como una flecha que atraviesa todas las capas de basura.
Introduzca su centro.
En este momento de silencio,
en este momento de inocencia,
ya no eres tu sombra
Tú eres tú mismo.
Esto de ser uno mismo se llama
"salida de la luna"
o "surgimiento del Buda".
Cada uno en su naturaleza es el buda...
el iluminado, el despierto.
Cada hombre es sólo una semilla...
sólo hay que encontrar el suelo adecuado
en el que desaparecer, dispersar su personalidad,
su conocimiento, su mente...
y de repente la luna
reflejado en el lago.
Y de repente el pino en lo alto de la colina
tocando la luna
Y de repente, de la nada
surge tu budeidad.
Recuerda esto - veinticuatro horas -
no como un pensamiento

sino como un dolor de corazón,

para que se convierta en una corriente subterránea.

lo que sea que estés haciendo

se vuelve diferente porque tú eres diferente.

Tu toque ahora tiene una gracia;

tu sonrisa es sincera;

tus ojos se convierten en lagos silenciosos.

Tus actos reflejan tu corazón,

tu ser, tu alegría, tu danza.

No hay otro dios.

No hay otro templo.

Excepto tú, que has despertado a tu pleno esplendor,

en su mejor momento -

no hay religión.

Para aclarar este punto, Nivedano...

(Golpe de tambor)

Relájate... déjate llevar...

simplemente morir...

al cuerpo, a la mente,

a todo en este mundo.

Lo que queda es sólo un cielo puro,

completamente dichoso, inmensamente extático.

Esta es tu lengua olvidada.

Sólo este tipo de silencio,

una profundización en ti mismo,

puede conectarte con la existencia.

Y estar conectado con la existencia,

toda la vida se convierte en un festival,

una ceremonia.

No sólo la vida

sino también la muerte, porque no hay muerte.

sólo hay vida

DHAMMA BUDDHA

y la vida y la vida
y picos más altos y valles más profundos.
De la existencia sin principio a la existencia sin fin,
que se distribuyen
Todo está de alguna manera dentro de ti.
El sol sale dentro de ti
y la luna cuelga dentro de ti,
y las estrellas forman parte de tu cielo interior.
Recuerda que el cielo interior
es más ancho que el exterior.
bienaventurados los que
que han probado este jugo interior
de la existencia pura.
Nivedano...
(Golpe de tambor)
Vuelve...
pero no dejes de lado la experiencia.
Siéntese y recoja la experiencia -
la alegría de ello, la bendición de ello.
Y recuerda no olvidar.
Tiene que convertirse en una respiración constante,
un latido.
Sólo entonces te sentirás realizado.
Sólo entonces sentirás que no careces de sentido.
Sólo entonces tu vida será grande.
Esta grandeza ya está ahí,
sólo tienes que descubrirlo.
Sólo unas pocas capas de polvo -
eliminarlos.
Meditamos todas las noches
sólo para que sigas cavando
cada vez más,

para que el vino sea cada vez más añejo.
Para que tu Budeidad
se convierte en una certeza absoluta.
No es un argumento
es una experiencia.
¿De acuerdo Maneesha?
Sí, querido maestro.
¿Podemos celebrar aquí los diez mil Budas y su reunión?
Sí, querido maestro.

En secreto, una joya en su túnica

NUESTRO QUERIDO MAESTRO,
       DOGEN DIJO:

CUANDO HSUAN-SHA SE ILUMINÓ, DIJO A OTROS MONJES: "EL UNIVERSO ENTERO ES UNA BRILLANTE JOYA DE LA MENTE BÚDICA...."

DOGEN CONTINUÓ:

ESTA BRILLANTE JOYA NO TIENE NOMBRE ORIGINAL, PERO PROVISIONALMENTE LE DIMOS ESE NOMBRE. ESTA JOYA ES ETERNAMENTE INMUTABLE. EN REALIDAD, NUESTRO CUERPO Y NUESTRA MENTE, LA HIERBA Y LOS ÁRBOLES AQUÍ Y ALLÁ, O LAS MONTAÑAS Y LOS RÍOS ENTRE EL CIELO Y LA TIERRA - TODO ESTO NO ES MÁS QUE UNA JOYA BRILLANTE....

ES ILIMITADO DE PRINCIPIO A FIN. DESPUÉS DE TODO, EL UNIVERSO ENTERO ES UNA JOYA BRILLANTE, NO DOS NI TRES. LA JOYA ENTERA ES EL OJO DEL BUDA, LA VERDAD MISMA, UNA SENTENCIA DE LA VERDAD, LA LUZ DE LA ILUMINACIÓN. EN ESTE MOMENTO NUNCA OBSTACULIZA EL TODO, Y ES REDONDA Y RUEDA ALREDEDOR. LA FUNCIÓN DE ESTA BRILLANTE JOYA ES TAN CLARA QUE LOS SERES SENSIBLES SON SALVADOS POR EL ACTUAL ALOKITESVARA O MAITREYA, CON SÓLO VER SU MIRADA U OÍR SU VOZ; Y TAMBIÉN LOS BUDAS, ANTIGUOS Y MODERNOS, EXPLICAN EL DHARMA CON SU CUERPO.

UN SUTRA DICE QUE ALGUIEN SE ACOSTÓ BORRACHO, CUANDO SU GRAN AMIGO LE COSIÓ UNA JOYA EN LA TÚNICA, EN SECRETO. NUNCA DEBEMOS DEJAR DE DAR ESTA JOYA A NUESTRO AMIGO CERCANO.

UNA JOYA COMO ESTA. UNA JOYA TAN BRILLANTE ES IDÉNTICA A TODO EL UNIVERSO.

POR TANTO, UNA JOYA BRILLANTE ES UNA JOYA BRILLANTE EN SÍ MISMA, RUEDE O NO RUEDE. NUESTRA COMPRENSIÓN DE QUE TAL ES UNA JOYA ES TAMBIÉN UNA JOYA EN SÍ MISMA; TAN AUDIBLE Y VISIBLE ES. POR LO TANTO, NO TIENE SENTIDO PREGUNTAR SI SOMOS UNA JOYA BRILLANTE.

TANTO SI DUDAMOS COMO SI DISCERNIMOS, SE TRATA SÓLO DE UN PEQUEÑO PUNTO DE VISTA PROVISIONAL. PARA DECIRLO CON MÁS PRECISIÓN: UNA JOYA BRILLANTE SÓLO RECLAMA UN PEQUEÑO PUNTO DE VISTA.

NO PODEMOS DEJAR DE VALORAR ESTA JOYA, SU COLOR Y SU LUZ SON TAN BRILLANTES. ¿QUIÉN PODRÍA LLEVÁRSELA? ¿QUIÉN PODRÍA TIRARLA EN UN MERCADO, CONSIDERÁNDOLA COMO UNA BALDOSA?

NO DEBEMOS PREOCUPARNOS POR TRANSMIGRAR A LOS SEIS REINOS DE EXISTENCIA POR LA LEY DE LA CAUSALIDAD. UNA JOYA BRILLANTE NUNCA IGNORA LA LEY DE LA CAUSALIDAD DE PRINCIPIO A FIN. ESTE ES EL ROSTRO DE UNA JOYA BRILLANTE.

Maneesha, sólo hay una experiencia, pero puede haber mil y una expresiones. Sin embargo, ninguna expresión la expresa. Esa es su belleza, esa es su inmensa riqueza, esa es su infinitud, eternidad.

No hay palabra que pueda abarcarlo. Pero el hombre que vuelve a casa, que lo encuentra, también se ve obligado por su hallazgo a compartir la alegría, la canción, el haiku, a decir algo sobre lo que no se puede decir. Es una compulsión absoluta. Tienes que hacer algo para que todo el mundo sea consciente de lo que has encontrado. Porque lo que tú has encontrado lo puede encontrar todo el mundo, sólo que ellos han olvidado el camino.

Y está tan cerca que justo cuando cierras los ojos... un paso más y habrás llegado.

Todas estas anécdotas y diálogos zen dicen lo mismo una y otra vez. Pero lo dicen muy bien. Desde diferentes puntos de vista, desde diferentes actitudes, apuntan a la misma luna...

con la esperanza de que tal vez, si no lo vio anoche, hoy sea posible desde algún otro aspecto.

El maestro no es más que una gran esperanza para el discípulo, simplemente espera que comprendas una cosa sencilla que no puede darte como materia porque es inmaterial. Pero su inapreciabilidad es tal que tampoco puedes ignorarlo, tiene que hacer algo para provocarte y desafiarte a mirar dentro de ti. Todas estas anécdotas no son más que provocaciones, desafíos. Estas afirmaciones han surgido del amor y la compasión profundos, no de la mente.

Hay que recordarlo en cada anécdota, en cada diálogo, en cada pequeño haiku zen: que el maestro intenta de algún modo lo imposible. Y lo imposible ocurre de vez en cuando.

Así que no se puede negar, y no se puede decir que todo es inútil ... no hay necesidad de preocuparse por los demás. La iluminación trae consigo un tremendo amor por todos los que están en la oscuridad.

Sólo porque tienen los ojos cerrados y se creen ciegos, alguien tiene que regañarles para que abran los ojos. Tal vez sus ojos han estado cerrados durante muchas vidas. Han olvidado por completo que tienen ojos, se ha acumulado tanto polvo.

Todo el trabajo del maestro consiste en remover el polvo y hacerte una llamada desafiante para que despiertes tu ser más íntimo. Y una vez que despierte, verá que todos los esfuerzos del maestro eran defectuosos; sólo su compasión era inmensa. Sus esfuerzos fueron fallidos porque no hay forma directa de expresar lo inexpresable. Pero aun así lo intentó, sabiendo muy bien que estaba en un viaje imposible.

Cuando alguien despierta puede ver todos los defectos del maestro, pero no importan. Lo único que importa es un profundo agradecimiento a este hombre increíble que repetía lo mismo una y otra vez día tras día; golpeando tan fuerte como era posible, plenamente consciente de que es muy raro que un hombre reconozca su condición de Buda. Pero como sólo es un reconocimiento, cabe la posibilidad de que algún día todo el mundo lo reconozca. ¿Por qué no hoy? No hay necesidad de posponerlo.

En cierto modo, en el pasado era más fácil. Como había tantos Budas por ahí, parecía concebible que tú también pudieras ser un Buda. Por desgracia, hoy no es así. Para el hombre contemporáneo, la palabra "Buda" es sólo una palabra. Es muy raro que te encuentres con un Buda en toda tu vida. E incluso si te lo encuentras, no serás capaz de reconocerlo porque has olvidado completamente el lenguaje. Has aprendido tanto y tan profundamente los caminos de la materia que se interponen en tu vuelo espiritual hacia la luna, hacia el cielo inmenso que te corresponde.

Digan lo que digan los profesores, recuerda siempre: no debes analizar las palabras. No son palabras para médicos y doctores de las letras. No son palabras dirigidas a los espectadores. Basta un espectador en este campo búdico para reconocer inmediatamente un agujero energético.

El día que tuvisteis una reunión de poetas me sentí muy dolido, porque vi que todos los días os elevabais a vuestras alturas, pero ese día no pudisteis elevaros. Sólo esos pocos poetas llevaban toda la energía del campo; eran como un sumidero. Lo intenté pero fue imposible.

Estas personas nunca entenderán que se han perdido una experiencia tremenda por permanecer como espectadores. Miraban aquí, miraban allá, no podían creer... Susurraban entre ellos: "¿Qué está pasando?" No pudieron saltar y participar, y por culpa de esas pocas personas todo el campo de energía se desgarró, se hizo pedazos.

Le dije a Neelam que esto no debería volver a ocurrir. No quiero un solo espectador en este campo.

Mientras yo hablo, tú tienes que participar, de lo contrario éste no es el lugar para ti. Podéis celebrar vuestras fiestas de poetas y otros entretenimientos sociales cuando yo no esté. Pero no se lo permitas a esa gente. No es culpa suya, simplemente no saben lo que pasa aquí. Son curiosos, y su curiosidad no les permite participar. Y como no participan, se rompe la cadena de energía que los une a todos en una sola conciencia. No pudieron alcanzar ese día el lugar... la altura que cada vez es mayor.

Aquellos poetas intentaban actuar como si estuvieran participando, pero sólo era "como si". Hicieron el galimatías, pero pude ver que era muy superficial para ellos. Lo hacían porque todos los demás lo hacían, y no hacerlo sería un poco incómodo. Se sentaban en silencio, pero no había silencio. Se estaban preparando para su poesía, pensando en lo que iban a recitar.

Cuando les dije que se relajaran parecían relajados como los demás, pero había una diferencia cualitativa.

Cuando te relajas conoces el propósito, el sentido, el significado. Se relajaban sólo porque todos los demás se relajaban. Pero incluso relajándose, abrían los ojos y miraban a su alrededor: ¿Qué tipo de relajación...?

Todo el esfuerzo consiste en olvidar el mundo entero. Por eso incluso digo: "Abandona el cuerpo, abandona la mente", para que puedas discriminar claramente qué es la consciencia. Y esta conciencia es el Buda.

Mientras estás en esa conciencia estás en la cima más alta de la vida. La misma libertad en esas alturas hace que uno baile, cante como los pájaros, florezca como las flores. Sin ningún esfuerzo sucede - espontáneamente. Por eso, después de la meditación, quiero que siempre te sientes unos minutos para recoger la experiencia, las alturas, la fragancia de esas profundidades; para que poco a poco puedas seguir siendo un buda durante todo el año.

Y recuerda, una vez que eres un Buda, siempre eres un Buda. Nadie ha caído de ese punto. Es sólo contra la naturaleza.

DOGEN DIJO:

CUANDO HSUAN-SHA SE ILUMINÓ, DIJO A OTROS MONJES: "EL UNIVERSO ENTERO ES UNA JOYA BRILLANTE DE LA MENTE BÚDICA".

Lo que él dice -lo que dicen todos los Budas- es que en el momento en que te iluminas, no puedes ver nada que no esté iluminado. Mira los árboles silenciosos en la iluminación, y la luna, brillante en la iluminación. Tu iluminación te convierte en una conciencia universal: ya no estás separado. No es que tú te hayas iluminado; para ti el universo se ha iluminado. Y naturalmente, con un universo iluminado no puedes portarte mal. Sólo puedes estar agradecido a todo lo que existe.

Ni siquiera las noches más oscuras crean queja en ti, sino sólo una profunda paz y una espera, porque pronto llegará la mañana. Cuanto más oscura es la noche, más cerca está el sol. Pero la noche en sí es una alegría. El día tiene sus propias alegrías. Cada momento tiene su propio sabor. Para el iluminado, recuerda, no es que esté iluminado. Al contrario, para él toda la existencia ha sido iluminada... toda la luz y toda la conciencia, toda la verdad y toda la belleza.

La declaración de Hsuan-Sha después de su iluminación...

EL UNIVERSO ENTERO ES UNA JOYA BRILLANTE DE LA MENTE DE BUDA.

Nada es diferente de Buda.

DOGEN CONTINUÓ: ESTA BRILLANTE JOYA NO TIENE NOMBRE ORIGINAL, PERO PROVISIONALMENTE LE DIMOS ESE NOMBRE.

Todo lo que decimos sobre la experiencia última es sólo provisional, arbitrario. Así que no discutas sobre palabras y no dependas de ellas.

Ninguna palabra es absolutamente exacta. El lenguaje simplemente se queda muy por debajo. Esas alturas y esas profundidades están más allá; las palabras no pueden reflejarlas. Sólo la gran compasión y brillantez del maestro expresan algo de lo inexpresable. Pero eso es tan sutil que a menos que estés en silencio, en absoluto silencio, no puedes captarlo.

ESTA JOYA ES ETERNAMENTE INMUTABLE. EN REALIDAD, NUESTRO CUERPO Y NUESTRA MENTE, LA HIERBA Y LOS ÁRBOLES AQUÍ Y ALLÁ, O LAS MONTAÑAS Y LOS RÍOS ENTRE EL CIELO Y LA TIERRA, TODO ESTO NO ES MÁS QUE UNA JOYA BRILLANTE.

Todo no es más que una expresión del espíritu universal. Llamamos a este espíritu universal "el Buda".

Es sólo un nombre provisional.

ES ILIMITADO DE PRINCIPIO A FIN. AL FIN Y AL CABO, TODO EL UNIVERSO ES UNA JOYA BRILLANTE, NO DOS NI TRES. TODA LA JOYA ES EL OJO DEL BUDA, LA VERDAD MISMA, UNA FRASE DE LA VERDAD, LA LUZ DE LA ILUMINACIÓN.

La luz que irradia Buda es sólo una fase. La experiencia es multidimensional; tiene belleza, tiene música, tiene verdad, tiene todo lo que es valioso, imperecedero. Se ha elegido provisionalmente la luz para expresarlo; es sólo un aspecto. Cuando decimos "el iluminado" sólo estamos sacando una parte, un aspecto de toda la experiencia, para representarla.

EN ESTE MOMENTO NUNCA ENTORPECE EL MONTAJE, Y ES REDONDO Y RUEDA ALREDEDOR.

LA FUNCIÓN DE ESTA JOYA RESPLANDECIENTE ES TAN CLARA QUE LOS SERES SENSORIALES SON SALVADOS POR EL ACTUAL ALOKITESVARA O MAITREYA, SÓLO CON VER SU MIRADA O ESCUCHAR SU VOZ; Y TAMBIÉN LOS BUDAS, ANTIGUOS Y MODERNOS, EXPLICAN EL DARMA CON SU CUERPO.

El mismo Gautam Buda ha dicho: "Este mismo cuerpo el Buda, y esta misma tierra el paraíso del loto". Una vez que estás iluminado tu visión es tan clara, y en esa claridad todo muestra su espíritu, su vida, su fuente. Y esa fuente es una; no son dos, no son tres.

UN SUTRA DICE QUE ALGUIEN SE ACOSTÓ BORRACHO, CUANDO SU GRAN AMIGO LE COSIÓ UNA JOYA EN LA TÚNICA, EN SECRETO. NUNCA DEBEMOS DEJAR DE DAR ESTA JOYA A NUESTRO AMIGO CERCANO.

Sólo dice que esta experiencia es imposible de dar ni siquiera a un amigo íntimo. Puedes provocarla pero no puedes darla; no es algo que esté en tus manos. Está en el corazón mismo de tu amigo íntimo. Puedes crear dispositivos... igual que las cosquillas provocan la risa, aunque no hay ninguna conexión razonable por la que las cosquillas deban provocar la risa.

He conocido a una persona que no necesita que le hagan cosquillas. Sólo de lejos se hace el gesto, y eso es suficiente. Aquí también hay una persona, todo el mundo la conoce. Está sentada tan búdica, pero sólo si hago esto ahora...

(EL PROFESOR MUEVE LOS DEDOS EN UN GESTO DE COSQUILLAS HACIA EL AVIRBHAVA.

CADA VEZ QUE HACE COSQUILLAS, TODO EL MUNDO SE RÍE A CARCAJADAS, Y EL PROPIO PROFESOR SE RÍE DETRÁS DE SUS GAFAS DE SOL. ALTERNA SUS GESTOS DE COSQUILLAS CON UNA SERIE DE MOVIMIENTOS DE LA MANO PARA CALMARNOS... HASTA EL SIGUIENTE ESTALLIDO DE RISA).

¿Y dónde está Anando?

(EL PROFESOR, AL VER A ANANDO, EMPIEZA A MOVER LA MANO EN SU DIRECCIÓN Y SE RÍE ÉL MISMO. MÁS OLEADAS DE RISAS).

Es Anando, ya lo veo.

Ésta es la única manera de que surja la Budeidad: el maestro tiene que hacer cosquillas. ¿Ahora veis el efecto? Ni siquiera le he hecho cosquillas a Avirbhava, ni tampoco a Anando, ¡y todos os reís!

(SE PRODUCEN MÁS "TITCHES" Y MÁS RISAS).

Este cosquilleo se llama, en los sutras, LA GRAN TRANSMISIÓN. Ni siquiera he tocado...

("PELLIZCA" A VARIAS PERSONAS, RIENDO, Y TODOS VUELVEN A DEJARSE LLEVAR POR ÉL).

El maestro sólo puede crear un dispositivo. El dispositivo no tiene conexión lógica. ¿Ves ahora por qué te ríes? Claro que a Avirbhava, al menos, le hacen cosquillas desde lejos: el mando a distancia. Pero, ¿por qué te ríes? Tengo un mando a distancia...

(EL PROFESOR DEMUESTRA SU CONTROL REMOTO SOBRE AVIRBHAVA, Y TODOS NOS REÍMOS UN POCO MÁS. SE RÍE, Y LUEGO LE HACE UN GESTO PARA QUE SE QUEDE QUIETA).

Tranquilízate. Siéntate como un Buda... cierra los ojos (RISAS)... mira dentro.

(OTRA CARCAJADA).

Un poeta zen ha escrito:

VER SU CARA
PERO UNA VEZ,
RECUERDA SU NOMBRE
MIL AÑOS.

Está hablando de su maestro. Una vez que has visto el rostro del maestro, no puedes olvidarlo en miles de años, porque en ese pequeño instante te has visto a ti mismo. Un maestro es, en el mejor de los casos, un espejo. Puede mostrarte tu rostro si te acercas. Y todo discipulado no es más que acercarse cada vez más, para poder ver en los ojos de tu maestro, en sus gestos, tu propia Budeidad.

VER SU CARA
PERO UNA VEZ,
RECUERDA SU NOMBRE

MIL AÑOS.

Otro poeta Zen:

UNA LLAMADA INVITA

CIEN CAMARADAS;

UNA SONRISA LLAMA LA ATENCIÓN

DIEZ MIL FANS.

Acabas de verlo. ¿Quieres verlo otra vez?

(EL PROFESOR COMIENZA A "TINTINEAR" DE NUEVO PROVOCANDO OLEADAS DE RISAS, CON ALGUNAS CARCAJADAS POR SU PARTE).

Tengo dos mandos a distancia: uno para Avirbhava y otro para Anando.

Dondequiera que estén en el universo... hazles cosquillas y se reirán. Y con ellos, otros se reirán sin motivo.

Quiero que lo entiendas: la iluminación es tan ligera, tan amorosa, tan pacífica, como una risa. Los teólogos la han hecho tan pesada, tan opresiva, que la gente la ignora. La iluminación debe ser al mismo tiempo entretenimiento.

Me recuerda a la última frase de J. Krishnamurti antes de morir, hace sólo unos meses. Era una persona muy seria, y ése era su único defecto. Estaba iluminado, pero se tomaba la iluminación en serio. Veía que él estaba iluminado y nadie más lo estaba. Y se esforzaba por hacer que la gente se iluminara... obviamente.

Durante setenta años -murió a los noventa-, durante setenta años, desde los veinte, había estado trabajando con la gente, y ni una sola persona se había iluminado. Puedes comprender su sensación de profundo fracaso y tristeza... cada vez más grave, casi una enfermedad.

Y la razón queda clara en su última afirmación: "La gente no se toma en serio la iluminación, creen que es un entretenimiento". Y ahí es donde difiero. La iluminación no puede ser otra cosa que entretenimiento... entretenimiento universal, una risa que no conoce límites ni fronteras. Te ríes tú, y se ríen los árboles, y se ríen los cucos, y se ríen las nubes, y se ríen las estrellas, y la risa se extiende porque todo el mundo se está burlando. No es necesario que tú desencadenes, basta con que tu risa sea suficiente para que otra persona empiece a reír.

Amo a J. Krishnamurti, y amo su arduo trabajo de setenta años continuos, pero estoy absolutamente en contra de su actitud. Lo convirtió en un asunto serio. Eso fue culpa de todos los antiguos profetas.

Por eso no encontrarás una estatua de Mahavira riendo. Qué mundo tan miserable, ni siquiera permiten que Mahavira se ría. No encontrarás una estatua de Gautam Buda riendo. Incluso si Gautam Buda se riera, la gente no daría crédito a sus ojos u oídos: "¿Qué está pasando? Un hombre tan serio...".

Pero no entiendes que cuando la mente desaparece eres como un niño pequeño. La risa surgirá sin ningún esfuerzo por tu parte. Al menos yo soy una ruptura con todo el pasado, y en el futuro quiero que mi pueblo sea el Buda de la Risa . Ya hemos visto bastante de los serios, no han sido capaces de transformar a la humanidad. Probemos otra dirección: la de la no-seriedad.

UNA LLAMADA INVITA A CIEN CAMARADAS.... Un Buda -sólo su presencia- atrae magnéticamente a mil Budas, a diez mil Budas. Es cuestión de lo grande que sea su iluminación, de lo grande que sea su compasión y su amor, y de lo a la ligera que se lo haya tomado.

A nadie le gustan las personas serias.

¿Has pensado alguna vez que todos los santos son serios? Está perfectamente bien ir y tocar tus pies... y estar acabado. Nadie quiere tu compañía. Estas personas irán al cielo - recuérdalo. El cielo está lleno de santos. Si quieres el tipo correcto de gente, ve al otro lugar, donde encontrarás poetas, y encontrarás pintores, y encontrarás bailarines y músicos.

Yo voy particularmente al otro sitio. Así que recuerda, quien esté conmigo tendrá un gran viaje y conocerá a grandes personas. Ningún santo ha tenido valor, ninguna creatividad, ninguna poesía, ninguna pintura. Todas esas personas que fueron creadoras, que han hecho de este mundo algo bello, algo más habitable, están reunidas en el otro lugar.

Friedrich Nietzsche dijo que Dios está muerto, pero no dijo por qué está muerto. Tiene que estar muerto, rodeado de todos estos idiotas, eternamente apestosos... porque la mayoría de ellos no se bañan, no se lavan la boca. La risa es absolutamente desconocida en el paraíso, el pobre Dios no podría sobrevivir.

Así que te lo advierto, ¡ten cuidado! Si llegas a las puertas del cielo, rechaza. No entres. Pregunta por el camino al otro lugar. Allí te estaré esperando. Pregunta por mí y eso será todo.

CRY
DESPUÉS DEL LLANTO
TRAS EL GRITO DE ALEGRÍA -
NO IMPORTA
PELO
VUELTA BLANCA

Este poeta zen está diciendo que incluso el llanto es tan bello, tan aligerante, tan desahogado.

CRY
DESPUÉS DEL GRITO
TRAS EL GRITO DE ALEGRÍA -
NO IMPORTA
PELO
VUELTA BLANCA

No te preocupes por el tiempo... el espacio... la edad. Sólo aprende a reír y a llorar totalmente, porque son las formas más fáciles de llegar a lo más profundo de tu ser.

Pregunta 1:
preguntó Maneesha:
NUESTRO QUERIDO MAESTRO,
NUESTRA JOYA MÁS BRILLANTE Y PRECIOSA,

SIEMPRE QUE TE HE PREGUNTADO POR TU BELLEZA, HAS INSISTIDO EN QUE SON LOS OJOS DEL AMOR LOS QUE PROYECTAN BELLEZA EN TI. PERO NO TIENES NUESTRA EXPERIENCIA DE SENTARNOS FRENTE A TI, SIGUIENDO -COMO LO HACEMOS- CADA UNO DE TUS MOVIMIENTOS, RASTREANDO CADA AMADA CURVA Y LÍNEA Y VALLE DE TU ROSTRO.

NO CONOZCO A NADIE -POR MUCHO QUE ME GUSTEN- QUE PUEDA CONTEMPLARLAS DURANTE AÑOS, SIN ABURRIRME NUNCA, SIN SENTIR QUE HE COMPRENDIDO SU BELLEZA.

Maneesha, en ese caso acepto que tengo mala suerte. Tienes la suerte de tener un profesor que no es una carga para ti. Tienes la bendición de tener un maestro que no es masoquista ni sádico.

Yo no fui tan bendecido. Nunca me había topado con un solo hombre al que hubiera podido llamar mi maestro. Tuve que hacer mi propio camino, por mi cuenta, yendo de aquí para allá; cayendo y levantándome de nuevo, sin que nadie me guiara, sin que nadie me diera instrucciones, sin que nadie señalara siquiera con el dedo a la luna. Pero parece que por casualidad tropecé con el lugar adecuado.

Soy un maestro que no tuvo maestro. Así que no puedo ver y no puedo decir lo que ves en mis ojos, en mi cara. Pero lo que ves es realmente un puro reflejo de tu amor y confianza. Este cuerpo se marchitará, pero tengo otro cuerpo, de luz. Antes de que este cuerpo se marchite, tienes que familiarizarte con mi cuerpo de luz, con mi centro interior. Y tu centro y mi centro interior no son dos. En esa zona siempre hay uno, no dos ni tres.

Ahora, antes de entrar en nuestra meditación diaria... sólo para dejar caer todas las cargas, todas las preocupaciones del mundo, y tener una buena risa. No he encontrado nada mejor para crear un espacio adecuado para entrar en ti mismo, porque tu mente no puede entender la risa. La risa es muy ilógica. Una persona lógica no puede reír, una persona lógica está confinada a un área muy pequeña.

Nunca he oído reír a Kant. No podía, era una persona demasiado seria. Hace un momento te hablaba de J. Krishnamurti.... Solía venir a la India al menos una o dos veces al año.

Sólo fue a tres lugares: Benarés, Nueva Delhi y Bombay. Había dado instrucciones a todos mis sannyasins: "Dondequiera que esté, en la India o fuera de la India, sentaos en primera línea dondequiera que hable. Y no olvidéis la naranja y el mala".

Y eso fue suficiente. Luego no quiso hablar de ningún otro tema. Eso le bastó para enfadarse: "¡He estado contando toda mi vida...!" Y mi gente lo disfrutaba, les encantaba. Incluso algunas personas que no eran sannyasins solían vestirse de naranja, tomando prestado un mala de un amigo.

Un solo sannyasin era suficiente. Entonces olvidaría todo lo que iba a decir.

Entonces solo tuvo que condenarme a mi, condenar sannyas, condenarlo todo - sin entender una simple cosa, que el se distraia facilmente. ¿Acaso importa? Si alguien viste de naranja y tiene un mala... no es asunto suyo.

Pero era un hombre serio. Se golpeaba la cabeza. Se enfadaba tanto... especialmente en Bombay, porque yo estaba en Bombay. Así que cientos de sannyasins estaban sentados delante, y él se golpeaba la cabeza. Soy tan perezoso que ni siquiera puedo golpear mi propia cabeza, mucho menos la de alguien más. Para eso me quedo con el Maestro Zen Sekito - Cabeza de Piedra.

(EL MAESTRO SE DIRIGE A NISKRIYA.) ¿Dónde está su personal?

(NISKRIYA TOMA SU CAÑÓN Y SE LO MUESTRA AL MAESTRO) Sí, está bien, porque en cualquier momento puede ser necesario. Y he elegido a un maestro zen alemán... porque los maestros zen japoneses golpearán, pero su golpe será sólo como una pluma de pavo real. Sólo un alemán sabe dar un golpe de verdad.

Y mira su cabeza de piedra. ¿Se ha afeitado el pelo o no? Afeitárselos completamente.

(NISKRIYA LEVANTA LAS CEJAS INTERROGANTE, SEÑALANDO SU NUEVA BARBA - ¿ESTO TAMBIÉN?) Sí, déjalo.

Ha llegado Proper Sagar. Puede que muchos de vosotros no le conozcáis -es un sannyasin muy antiguo-, pero la mayoría de los viejos sannyasins recordarán a Proper Sagar. Es muy correcto en todo.

El propio Sagar va a visitar a la doctora Azima. Cuelga el paraguas y el sombrero. Luego se quita la chaqueta, la camisa y la corbata, y los pantalones, doblándolos bien y poniéndolos sobre la silla. Luego se quita los zapatos y los pone debajo de la silla, en posición vertical. Luego se quita la ropa interior, la dobla ordenadamente y la pone también en la silla.

De pie, rígido frente a Azima, Sagar dice con calma: "Como puede ver, doctor, mi testículo izquierdo cuelga más bajo que el derecho".

"Oh", sonríe Azima, "pero eso es perfectamente normal. No tienes de qué preocuparte".

"No me importa", responde Proper Sagar. "¿Pero no crees que es un poco desordenado?".

El Papa polaco peregrina a Calcuta, donde realiza una visita oficial al orfanato de la Madre Teresa.

La Madre Teresa le enseña los alrededores, y el polaco se agacha y besa todo lo que ve.

De repente, mientras se inclina para besar el orgullo de la Madre Teresa, el nuevo órgano de la iglesia, el Papa retrocede aterrorizado. Allí, extendido sobre el órgano, hay un gran condón negro.

Púrpura de rabia, el Papa polaco exige explicaciones a la Madre Teresa.

"Bueno", dice la Madre Teresa, "uno de mis huérfanos lo encontró en un paquete en la calle, y cuando leí la etiqueta decía: 'Colócalo en el órgano y siéntete seguro'".

Harold, Bill y Gabby, tres vaqueros cansados y hambrientos, están sentados alrededor de una hoguera a punto de cenar. José, el cocinero, un mexicano enorme, mugriento y con barba, vuelca la olla y levanta la pistola.

"¡El primero de vosotros, idiotas, que monte un escándalo durante la cena me va a meter en un lío!", dice José.

Se hace un cuidadoso silencio mientras se sirve la bazofia morada y verde y comienza la comida.

"¡Dios!" Harold grita, con arcadas y poniéndose azul. "Esto sabe a mierda".

Inmediatamente después, mirando al gran mexicano, Harold se entusiasma: "Pero buena mierda, muy buena mierda".

El Dr. Feelgood visita el manicomio para ver el último estado de algunos de sus pacientes.

Le conducen a la primera habitación, abre la puerta y se encuentra con Charlie Rosenkrantz. En ese momento, el sr.

Rosenkrantz balancea en el aire un palo de golf imaginario.

"Bueno, Charlie", dice Feelgood. "¿Cuándo crees que saldrás?"

"No hay problema", responde Charlie, balanceándose. "Tan pronto como haga un hoyo en uno".

Feelgood sacude la cabeza y entra en la habitación contigua. Allí encuentra a Chester Cheese blandiendo un bate de béisbol imaginario.

"Hola, Chester", dice Feelgood. "¿Y cuándo crees que saldrás?"

"Oh, pronto", responde Chester. "Tan pronto como llegue a este home run".

Feelgood vuelve a sacudir la cabeza y es conducido a la habitación contigua. Entra y encuentra a Donald Dickstein frotando una bolsa de cacahuetes contra su cremallera abierta.

"Hola, Donald", dice Feelgood. "¿Y cuándo crees que saldrás?"

"¿Salir? ¿Estás de broma?" dice Donald emocionado. "¡Estoy jodidamente loco!"

Ahora, Nivedano... huelga.

DOGEN: EL MAESTRO ZEN

(Golpe de tambor)
(Rigmarole)
Nivedano...
(Golpe de tambor)
Guarda silencio... cierra los ojos...
se sienten congelados. Recoge tu energía vital,
tu conciencia, dentro de ti.
Este es el lugar
en el que tienes raíces en el universo.
Este es el lugar
lo que hace de uno un Buda.
Profundiza, sin miedo.
Es desconocido, desconocido,
pero no te preocupes -
es tu propio ser.
Recuerda estas alturas...
recuerda estas profundidades...
recuerda que formas parte de este universo.
Deja toda la separación.
Deslízate como una gota de rocío
de la hoja de loto al océano.
desaparecen en este océano
es convertirse en el océano.
Para que quede más claro, Nivedano...
(Golpe de tambor)
Relájate... déjate llevar...
El cuerpo está ahí, estirado...
no eres tú
La mente está ahí
tal vez algunas nubes todavía dando vueltas...
pero no eres tú
Eres el vigilante de las colinas.

DHAMMA BUDDHA

esta noche silenciosa,
y diez mil budas
observando en silencio.
No puede haber nada más grande
o más significativo.
Las nubes también se han unido,
los bambúes hacen comentarios.
Espero que haya un día
cuando la humanidad entera
comprenderás esta Budeidad.
difunde esta experiencia
a todos los que andan a tientas en la oscuridad.
Pero nunca seas un misionero;
sólo ser un mensaje...
cariñoso, compasivo
Deja que todo tu cuerpo, tus acciones,
sensibilizarlos
que algo inmensamente valioso
ha ocurrido dentro de ti;
que llevas una llama,
que lleves una fragancia,
que tus ojos se han vuelto tan azules
y tan vasto
y tan profundo
como el cielo mismo.
Yo llamo a esto "ser un mensaje".
Excepto convertirse en Buda,
no hay manera
para transmitir lo que está experimentando.
Y recuerda:
una vez buda,
siempre un buda

DOGEN: EL MAESTRO ZEN

Nivedano...
(Golpe de tambor)
Llama a todos los budas.
Despacio y en silencio...
siéntate unos momentos...
sólo reflexionando...
Coleccionar...
recordando lo que te pasó...
dónde has estado.
Recuerde la ruta a seguir,
cuando quieras,
en el templo.
Tú eres el templo
y dentro de ti está el Buda.
¿De acuerdo Maneesha?
Sí, querido maestro.
¿Podemos celebrar los diez mil Budas?
Sí, querido maestro.

El cielo no está bordeado por la nube

NUESTRO QUERIDO MAESTRO, DOGEN DIJO,

EL BUDA DIJO: SI QUIERES COMPRENDER EL VERDADERO SIGNIFICADO DE LA NATURALEZA DE BUDA, DEBES COMPRENDER CORRECTAMENTE SUS MANIFESTACIONES MOMENTÁNEAS.

CUANDO LLEGUE EL MOMENTO ADECUADO, LA NATURALEZA DE BUDA SE MANIFESTARÁ.

DOGEN CONTINUÓ:

MUCHOS MONJES, TANTO DEL PASADO COMO DEL PRESENTE, HAN CREÍDO QUE LA FRASE "CUANDO LLEGUE EL MOMENTO ADECUADO" SIGNIFICA ESPERAR A QUE LA NATURALEZA BÚDICA SE MANIFIESTE EN EL FUTURO. PIENSAN QUE SI CONTINÚAN ENTRENÁNDOSE EN EL CAMINO, LA NATURALEZA BÚDICA SE MANIFESTARÁ DE FORMA NATURAL EN EL MOMENTO ADECUADO. HASTA QUE LLEGUE ESE MOMENTO, CONCLUYEN ERRÓNEAMENTE QUE LA NATURALEZA BÚDICA NO SE MANIFESTARÁ, AUNQUE VISITEN A UN MAESTRO EN BUSCA DEL DHARMA O SE ENTRENEN DILIGENTEMENTE.

BASÁNDOSE EN ESTA FALSA CONCLUSIÓN, REGRESAN SIN SENTIDO AL MUNDO ORDINARIO Y ESPERAN EN VANO EL MOMENTO OPORTUNO.

LAS PALABRAS "CUANDO LLEGUE EL MOMENTO

OPORTUNO" SIGNIFICAN QUE EL MOMENTO OPORTUNO YA HA LLEGADO. NO PUEDE HABER DUDAS AL RESPECTO. AUNQUE SURJAN DUDAS, NO SON MÁS QUE LA MANIFESTACIÓN DE LA NATURALEZA BÚDICA EN NOSOTROS MISMOS.

"EL MOMENTO OPORTUNO" SIGNIFICA QUE DEBEMOS APROVECHAR AL MÁXIMO CADA DÍA.

SI EL MOMENTO ADECUADO FUERA ALGO POR VENIR, LA NATURALEZA DE BUDA NO VENDRÍA.

ESTO SE DEBE A QUE EL MOMENTO ADECUADO YA HA LLEGADO; LA NATURALEZA BÚDICA YA SE HA MANIFESTADO. ESTE HECHO ES MUY CLARO, PUES NUNCA HA HABIDO UN MOMENTO ADECUADO QUE NO HAYA LLEGADO, NI UNA NATURALEZA BÚDICA QUE NO SE HAYA MANIFESTADO.

Maneesha, el hombre es buda por nacimiento - todo hombre, bueno o malo, correcto o incorrecto, pecador o santo, no importa. En cuanto a la budeidad de uno, permanece intacta por lo que uno hace, por lo que uno se comporta. Puesto que éste es el caso, surge el problema de que si todo el mundo es un buda, entonces ¿por qué este esfuerzo y empeño, esta búsqueda y persecución de la budeidad?

Esta pregunta no sólo se la hicieron a Dogen, sino también al propio Gautam Buda, que es sólo un Buda en la larga línea de Budas que han venido antes y después de él; pero quizás el más prominente, quizás el más reconocido. Para satisfacer al preguntón ordinario, Buda dijo: "Llegará a su tiempo", igual que las flores llegan a su tiempo y las nubes llegan a su tiempo y el sol sale a su tiempo.

En la existencia hay una continuidad de tiempos. No es que hoy la luna se retrase un poco o el sol se prolongue un poco más. Hay una certeza absoluta de que todo sucede en la naturaleza cuando llega el momento adecuado, por lo que el momento adecuado significa simplemente la oportunidad adecuada, el tiempo adecuado, la disposición adecuada, la receptividad. Y entonces no tienes que preocuparte por la Budeidad, porque en lo que respecta a la Budeidad, ya la tienes. Lo que falta es el reconocimiento. Has olvidado tu nombre, eso es todo lo que falta. Tal vez se necesite una situación determinada en la que se te pueda recordar tu nombre.

Antes de hablar del sutra de Dogen, me gustaría compartir con ustedes un incidente de la vida de Edison. Era un científico tan destacado, un maestro tan grande, que nadie se refería a él por su nombre. Sus padres murieron pronto, y él estaba tan involucrado en su trabajo que no tenía amigos. Sólo tenía científicos que estudiaban con él. Obviamente, no podían llamarle por su nombre, Edison.

Todos le llamaban "Profesor".

Poco a poco, él mismo olvidó cuál era su nombre. Si durante cincuenta años nadie usa tu nombre y de repente alguien te llama por tu nombre, puede que te lleves un susto. Sentirás que de alguna manera recuerdas a ese compañero... un recuerdo, un eco lejano en las montañas. Pero normalmente esto no ocurre porque todos los días te recuerdan tu nombre.

El caso de Edison fue especial. Sus padres murieron pronto y él era un genio desde su infancia. Sólo él era capaz de inventar mil cosas que nunca habían existido en el mundo. No podrás encontrar nada a tu alrededor que no lleve la firma de Edison.

En la Primera Guerra Mundial se introdujo por primera vez la cartilla de racionamiento, y todo el mundo tenía que ir a la oficina a registrarse. Obviamente, todas las oficinas donde se registraban los nombres estaban abarrotadas, la gente hacía cola. Edison también hizo cola. Mientras el hombre que iba delante de él daba toda la información y recibía su cartilla de racionamiento y se marchaba, el empleado que miraba la lista dijo el nombre en voz alta: "¿Quiere subir ahora, señor Edison?". Y Edison miró aquí y allá. No podía recordar... había algún recuerdo de que conocía a un tipo llamado Edison, pero desde hacía cincuenta años nadie le llamaba por su nombre.

Un hombre de la cola reconoció que el tipo de delante era el famoso Edison, y miraba aquí y allá. El hombre le dijo: "Usted es el que busca. ¿Ha olvidado su nombre, profesor?".

Me dijo: "Dios mío, qué bien que me lo recuerdes, si no habría perdido mi cartilla de racionamiento". Me esforcé por recordar, el nombre me resultaba familiar, pero no podía relacionarlo.

Durante cincuenta años la gente me ha llamado 'Profesor', 'Doctor', pero nadie lo ha hecho... porque no tengo amigos, no tengo a mis padres".

Budeidad es sólo otro nombre para tu naturaleza básica, tu naturaleza esencial. Y nadie te lo ha señalado nunca. Al contrario, todo el mundo ha estado pegando nombres, grados...

creando una personalidad a tu alrededor, y poco a poco empiezas a aceptarla. Si todo el mundo dice que eres listo, muy listo, empiezas a creértelo.

Todos somos víctimas de una multitud. Uno de mis profesores, SS Roy, no estaba de acuerdo conmigo. Dijo: "Es imposible olvidar el propio nombre. Esta historia de Edison debe ser su creación".

Le dije: "Por favor, deme tiempo para probarlo".

Dijo: "¿Qué puedes probar?"

Le dije: "Sólo tienes que esperar". Y al cabo de dos o tres días, cuando las cosas se olvidaron, fui a su casa, se lo conté a su mujer... Rajendra Anuragi conoce aquí al profesor SS Roy - también era estudiante en la misma universidad en aquella época. Le dije a su mujer: "Cuando el profesor Roy se despierte por la mañana, hazme un pequeño favor".

Ella dijo: "Lo que quieras... ¿qué quieres?".

Le dije: "Es muy pequeño. Sólo hay que preguntarle: '¿Por qué está tan pálido? ¿Ha tenido fiebre? ¿No ha podido dormir bien? ¿Le molesta algo? ¿Le duele la cabeza?'.

Y lo que diga, escríbelo exactamente con sus propias palabras, y yo recogeré esa nota más tarde'.

Me dijo: "No entiendo lo que haces".

Le dije: "Es sólo un experimento. Te lo explicaré más tarde, pero ahora no preguntes más que eso".

Así que le dije a su jardinero: "Cuando salga, pregúntale: '¿Qué te ha pasado? Pareces muy enfermo y ¿adónde vas? Entra a descansar y llamaré al médico'".

Y el jardinero dijo: "¿Pero para qué es todo esto? Está perfectamente sano".

Le dije: "No se trata de eso. Te lo explicaré todo más tarde. Diga lo que diga, guarda esta tarjeta contigo, escríbelo exactamente con sus propias palabras".

Y lo hice desde su casa hasta el departamento de filosofía. El jefe de correos vivía en el medio, y otro profesor - les dije: "Por favor, sean tan amables de participar en un experimento."

Y la última persona era el peón del departamento de filosofía. Le dije: "No te molestes, sólo..." - era un hombre grande y fuerte- "sólo tienes que agarrar al profesor Roy que entra, y se resista o no, lo tumbarás en el sofá".

Me dijo: "¿Qué estás diciendo? Me van a despedir de mi servicio".

Le dije: "Nadie puede echarte. Yo doy la garantía".

Pero él dijo: "Este es un extraño tipo de experimento. ¿Es un experimento conmigo o con el profesor Roy? Tengo hijos, una esposa anciana y padres, y soy un hombre pobre. Por favor, no perturbe mi trabajo".

Le dije: "No tiene nada que ver contigo. Tú sólo hazlo".

Dijo: "De acuerdo, si tú lo dices". Él sabía que yo era muy querido por el profesor Roy. Dijo: "Si tú lo dices, lo haré, sólo por ti".

Y le dije: "Toma esta tarjeta. Lo que diga, escríbelo, y la recogeré en unos minutos".

Seguí a Roy desde su casa. A medida que avanzaba, empecé a recoger las notas. A la esposa le dijo: "¿Qué? Estoy perfectamente sano. He dormido bien. ¿Quién te ha dicho que tengo la cara pálida?".

Ella dijo: "No hace falta que nadie lo diga, veo que estás pálida".

Me dijo: "Es todo basura. Sólo basura femenina".

Pero surgió una duda. Cuando se preparaba para ir a la universidad, el jardinero le agarró la mano y le dijo: "¿Qué haces? Ni siquiera puedes andar bien, ¡te tambaleas! Entra y descansa. Voy a llamar al médico".

Y él dijo: "Sí, creo que necesito descansar. En toda la noche parece que no he descansado, y también parece que tengo un poco de fiebre, pero no es demasiada. Al menos puedo subir a la universidad, avisar al jefe del departamento y volver".

Y el jefe de correos, que era su gran amigo, parecía muy asustado, y dijo: "No, no te dejaré ir solo. Iré contigo".

Me dijo: "Estoy muy enfermo. Me siento muy débil. Es muy amable de su parte ofrecerme".

El jefe de correos dijo: "Puedes llevarte mi coche".

Me dijo: "No, no tienes que coger tu coche, me las arreglaré. Pero si necesito tu coche, te llamaré desde la oficina". Pero siento una especie de temblor, extraño. En toda mi vida nunca había sentido un temblor así".

.

Todas estas notas que estaba recogiendo. Y el peón hizo un gran trabajo. Saltó sobre el profesor SS Roy y él estaba haciendo fuerza y diciendo: "¿Qué estás haciendo? ¡Idiota!" Y lo puso en el sofá, lo presionó y le dijo: "Tienes que estar en la cama. Estás muy enfermo. ¿Quieres suicidarte?"

La declaración del profesor SS Roy sobre la nota del granjero fue: "Sí, fue un error que saliera. Llame al jefe de correos para que traiga su coche y me lleve de vuelta a casa, e informe al oficial médico para que venga a examinarme". Parece que algo va muy mal. Todo el mundo es capaz de reconocerlo".

Y entonces entré en el despacho, donde estaba descansando en el sofá, casi a punto de morir. Le dije: "¡Espera!"

Y le dije al obrero de camino: "No llames a nadie, ni para el coche ni para el médico. No es necesario. Yo me encargo".

Le dije: "No hay necesidad de morir ahora. Un día tendrás que morir, pero tómate unos minutos. Sólo mira estas notas... lo que le dijiste a tu esposa".

Me dijo: "Eres un estudiante extraño, me habrías matado. Sólo otras dos personas...

Y si me hubieran dicho: 'Estás muerto', me lo habría creído".

Le dije: "Esto es sólo en respuesta a nuestra controversia".

Si la gente te repite algo una y otra vez, empiezas a creértelo a pesar tuyo.

Puede que dudes la primera vez, pero cuando lo repites continuamente, surge en ti una creencia y olvidas la duda.

Se os ha dicho que sois pecadores. Se os ha dicho que nacéis en pecado, y se os han dado extraños argumentos de por qué nacéis en pecado: porque Adán y Eva desobedecieron a Dios. Ahora bien, los teólogos cristianos dicen que aunque han pasado seis mil años desde que Adán y Eva fueron sacados por Dios de su lugar en el Jardín del Edén, porque habían desobedecido... Él les había dicho que no comieran de dos árboles: un árbol era el Árbol del Conocimiento, y el otro era el Árbol de la Vida Eterna.

Creo que Adán y Eva hicieron exactamente lo que haría cualquier persona con algo de inteligencia. Estas son las dos cosas: sabiduría y vida eterna, ¿qué más quieres? Y Dios proporciona todo lo demás, es decir, sólo masticar como los búfalos, sentarse bajo los árboles. Y el árbol que había prohibido era un manzano.

En el acto mismo de prohibir, Dios muere como amor, Dios muere como compasión. De lo contrario, si Dios fuera el Padre, habría dicho a los niños: "Estos son los dos árboles que no debéis olvidar: sabiduría y vida eterna". Pero el diablo se lo recordó a Eva. El diablo parece ser el primer revolucionario del mundo. Convenció a Eva.

He analizado esta historia desde muchos ángulos. ¿Por qué no persuadió a Adán? Porque aunque se persuada a Adán, se le pondrá un obstáculo. Si Eva insiste en no comerlo, el pobre Adán es, después de todo, sólo el pobre marido. En vez de persuadir al marido, persuade a la mujer. Y desde entonces todos los anuncios son para la esposa. Todas las iglesias funcionan gracias al apoyo de las mujeres.

Pero su argumento era correcto, y había elegido a la persona adecuada para persuadirla. Le dijo: "Dios te lo ha prohibido. ¿Conoces la razón? Si comes estos dos frutos, la sabiduría te iluminará, y la vida eterna.... Y serás tan poderosa y poderosa como Dios mismo. Y Dios está celoso de eso; no quiere que os convirtáis en dioses. Quiere que sigáis siendo adoradores: santos, pecadores, pero nunca dioses. Pero estos dos frutos os pueden convertir en verdaderos dioses".

Curiosamente, las religiones que no creen en Dios, su fin último es la libertad. Y las religiones que creen en Dios, su objetivo último es la salvación. Vendrá un salvador, tú mismo estás absolutamente indefenso. Vendrá un mesías que te salvará. Llevan esperando seis mil años, y no llega. Y de vez en cuando, si alguien se vuelve lo bastante loco y proclama: "Soy el que estabais esperando", lo matan.

Es una humanidad extraña. Estás esperando a la persona y si alguien intenta.... No fue sólo Jesús. Jesús se ha hecho más prominente porque detrás de él surgió una gran religión. Hubo otras personas: Juan el Bautista fue asesinado porque ni siquiera proclamó: "Yo soy el profeta", sino simplemente: "Estoy creando la atmósfera adecuada para que venga el profeta". Fue decapitado. Proclamó a Jesús como el profeta para el que había estado preparando el camino. Y Jesús fue crucificado.

El mismo ha sido el comportamiento en todo el mundo.

Las religiones no quieren que seas inteligente. Han abandonado el fruto de la inteligencia. Si te vuelves sabio es ir en contra de Dios. Por eso todas las religiones que creen en el orden y la obediencia no predican la meditación. Son asuntos muy intrincados. ¿Por qué el cristianismo no predica la meditación? ¿Por qué no hay lugar para la meditación en el mahometismo? Por la sencilla razón de que la meditación es en realidad los dos árboles juntos. Te traerá la iluminación y te traerá la certeza absoluta e indudable de que eres Dios, de que todo es divino. En tu divinidad, hasta la brizna de hierba más pequeña se vuelve divina, igual que la estrella más grande. El universo entero se convierte en una vibración de danza divina. Pero primero tienes que sentirlo en tu corazón, y todas tus supuestas religiones te están alejando de ello: ¡Reza a Dios!

He oído hablar de Miguel Ángel.... Estaba pintando el techo de una famosa catedral. Estaba oscureciendo un poco, y una anciana rezaba a Dios, sin saber en absoluto que encima de ella, en el techo, Miguel Ángel estaba pintando. Y él se estaba cansando tumbado en la larga escalera.

Oyó lo que decía esta anciana. Ella le pidió a Dios: "Un poco de dinero no será malo.

Lo necesito, porque no tengo a nadie que me apoye. Me has quitado a todos". Rezó especialmente a María, la madre de Jesucristo, porque siendo mujer comprenderá los problemas de una anciana.

Miguel Ángel, cansado de su trabajo, sólo quería disfrutar del momento. Dijo: "Te escucho. Soy Jesucristo".

La mujer tenía que ser una gran mujer. Me dijo: "¡Cállate! Estoy hablando directamente con tu madre".

Miguel Ángel ha escrito: "No me lo podía creer. Me había ofrecido, pero ella se negó. Me dijo: '¡Cállate! En la oscuridad ni siquiera podía ver'".

Todas estas religiones tratan de humillar a la humanidad. Todos sus negocios y explotación y opresión dependen de ti, de tu miedo, de tu codicia, de tu muerte, de tu enfermedad. Si empiezas a sentirte divino y puedes disfrutar no sólo de la vida sino también de la muerte, con la misma danza, ¿cuál será el propósito de los sacerdotes? Y hay millones de ellos por todo el mundo, viviendo como parásitos.

Pueden ser hindúes, pueden ser mahometanos, pueden ser cristianos, pueden ser de cualquier religión, pero el sacerdocio es la profesión más antigua de los parásitos.

Si vas a tu interior y encuentras la verdad, te sorprenderá ver que lo que había dentro de ti fue ignorado con todo esfuerzo, para que la explotación pudiera continuar.

La actitud búdica es que eres un buda, no se trata de alcanzar la budeidad. Eres un buda, todo lo que necesitas es un espejo para ver tu cara, tu cara original - un reconocimiento, un recuerdo. Has olvidado quién eres.

Esta ignorancia está siendo explotada por las iglesias, por los templos, por los sacerdotes, por los rabinos, por los expertos, por todo tipo de teólogos. Están creando barreras que son arbitrarias, que si quieres puedes derribar en un momento. Pero te han metido mucho miedo: no creer en Dios significa que caerás en el infierno.

He encontrado historias de que en la Edad Media los sacerdotes solían ser tan enfáticos sobre las torturas del infierno, que serás quemado en un fuego eterno; y sin embargo no morirás - ese consuelo no lo pueden dar. Te sacarán y te volverán a meter en el horno, con este lado quemado y el otro quemado... hay casos registrados de que muchas mujeres solían desmayarse sólo de escuchar a estos predicadores. Toda la idea era tan feroz, que nunca morirás y siempre dentro y fuera del horno, un pequeño descanso y luego de vuelta....

He oído que Morarji Desai ha muerto. En cierto modo estaría bien. Ya que el Tribunal Supremo le ha dejado sin hogar, sería una forma de encontrar un hogar. Y creyéndose un gran mahatma, estaba convencido de que llegaría al cielo, pero lo que vio fue que le arrastraban al infierno. Gritó, intentó convencerles: "Soy el ex Primer Ministro de la India, un gran seguidor de Mahatma Gandhi. Llevo todo el día haciendo girar la rueda. ¿Qué queréis decir? El infierno es para los pecadores, no para los mahatmas". ".

Pero los demonios no querían escuchar. Dijeron: "Calla. Se te dará a elegir porque has sido primer ministro. Este es el favor que podemos hacer. Hay tres capas del infierno, puedes elegir la que quieras".

Al no ver ninguna posibilidad de escapar, Morarji aceptó. Le llevaron a la primera sección, y lo que vio no se lo podía creer: la gente estaba apaleada, corría la sangre. La muerte es imposible en el infierno, recuerda. Tienes que recordar siempre ese punto: la muerte es imposible, sólo la tortura. No puedes suicidarte. En el infierno eso no es posible. No puedes escapar, no hay salida.

Viendo ese lugar sangriento, gente siendo torturada, golpeada, dijo: "Me gustaría ver a los otros dos antes de elegir."

Segundo, el horno cristiano... La gente está siendo sacada y cocinada, ¡y todavía están vivos! Él dijo: "Esto no es posible para mí. Soy vegetariano. Ni siquiera puedo ver una escena así".

Lo llevaron al tercero. Se veía un poco mejor, no mucho, pero comparado con los otros dos....

La gente estaba metida hasta el cuello en todo tipo de mierda y bebía café, té y Coca-Cola.

Cada uno tenía que elegir lo que quería. Dijo: "Esto no está bien, pero ¿qué otra cosa se puede hacer?

Esos otros dos..." Llevaba sesenta años bebiendo mucha orina, así que no estaba tan mal. Menos mal que estaba acostumbrado y había ensayado bien. Había hecho los deberes. Dijo: "Yo me encargo de esto".

Pero no era consciente de que sólo era una pausa para el café. Justo cuando terminaba su café sonó una campana y un demonio gritó: "¡Ahora todos cabeza abajo!".

Todo tipo de miedo... si no crees en Dios. La gente piensa que es mejor creer que meterse en problemas. Sardar está pensando cuál de los tres elegiría. Desafortunadamente no hay lugar, tiene que elegir entre los tres. Y todos eran desagradables.

Todas las religiones le han dicho al hombre que no es lo que debería ser. Así que esfuérzate por ser virtuoso, esfuérzate por ser austero, esfuérzate por rezar continuamente - un mahometano reza cinco veces al día. Y haz todo tipo de distorsiones del cuerpo en nombre del yoga, que ya es una sección del infierno. La diferencia es sólo que aquí lo haces por tu cuenta, en el infierno los demonios lo hacen por ti - te distorsionan, alguien te tira de la pierna, alguien te hace un lifting de cuello....

Y sé perfectamente lo que significa porque me han estirado el cuello. Hay que decir que está absolutamente bien, para que paren. De lo contrario, si siguen estirando, pronto se te saldrá la cabeza del cuerpo. Estás sufriendo y tienes que decir que estás curado. Me han puesto el cuerpo en tracción. La tracción fue utilizada por primera vez por los misioneros cristianos y las iglesias cristianas en la Edad Media para las mujeres pobres que eran declaradas brujas. Y finalmente esa estrategia de tracción....

Por casualidad, alguien sufría una dolencia de espalda cuando se le estiró el cuerpo.

Llevaba treinta años sufriendo de la espalda, de repente su espalda se asentó y no había dolor, y ella no podía creerlo. Desde la iglesia, la máquina de tracción se ha trasladado a los hospitales.

Aquí me atendió uno de mis médicos más cariñosos, el Dr. Hardikar -su nombre en inglés significa Dr. Hard-. Es mono, pero las cosas que hace .... Tira de todo el cuerpo, tira de las piernas hacia un lado, tira de la cabeza hacia el otro. Pronto empiezas a sentir que te vas a romper en algún momento. Por eso digo que es absolutamente seguro que en el infierno tienen mecanismos de tracción muy primitivos: allí no te mueres. Y mi sensación es que la gente que dice estar curada no lo está realmente. Es mi propia experiencia. Tienes que decirlo, si no, están dispuestos a darte más tracción. O te mueres o dices que estás curado, no tienes elección.

La religión ha vivido del miedo. Y ha ido creando disciplinas como el ayuno: torturándose de todas las formas posibles. Cuanto más te tortures, más feliz estará Dios contigo. Es un argumento extraño, ¿por qué mi tortura hace feliz a Dios? ¿Es un sádico? ¿Está loco o qué? Mi ayuno le hace feliz. Estoy sufriendo, tengo hambre, todo mi cuerpo me pide comida, y Dios se siente muy feliz. No veo ninguna relación entre esto y la idea de que Dios es amor -¿qué clase de amor? - que Dios es compasión. ¿Qué clase de compasión? Para llegar a ella hay que pasar por todo tipo de torturas innecesarias.

Y una vez que te has convencido de que Dios es una meta difícil de alcanzar... millones de personas se han torturado de esta manera, y ni una sola de ellas ha alcanzado la realización de la dicha.

Los que han alcanzado son otro tipo de personas. No dicen que Dios sea una meta: ¡Dios es tu naturaleza! Simplemente sé natural; y silenciosamente, sin siquiera hacer el ruido de pasos, el buda dentro de ti despierta.

Dogen dice, citando a Buda,

SI QUIERES COMPRENDER EL VERDADERO SIGNIFICADO DE LA NATURALEZA DE BUDA, DEBES COMPRENDER CORRECTAMENTE SUS MANIFESTACIONES MOMENTÁNEAS.

Tú eres su manifestación momentánea. Todo en el mundo es su manifestación momentánea.

En algún lugar la naturaleza ha florecido en una rosa, en algún lugar se ha convertido en un pájaro que vuela en el cielo, en algún lugar es un pino que alcanza las estrellas, y en algún lugar es un ser humano. Todos ellos son manifestaciones momentáneas de la misma naturaleza.

La palabra "buda" procede de la raíz sánscrita buddh. Buda" significa conciencia. Se puede ser consciente de cualquier forma. Pero la forma humana es la más fácil para tomar conciencia. Si pierdes esta oportunidad, te pierdes algo que sólo puedes encontrar tras millones de años de búsqueda.

Ser un pino o una roca de montaña son todas manifestaciones. Pero ninguna montaña se ha convertido en un buda, y ningún pino en su tremenda belleza se ha iluminado. Ningún animal, ningún pájaro, ningún árbol, ningún sol, ninguna luna, en toda su belleza... son manifestaciones de la misma naturaleza, pero sólo el hombre es capaz de tomar conciencia de esta auto-naturaleza. Esta doble conciencia -conciencia de la conciencia- es la grandeza del hombre. Es su tesoro.

En toda la existencia sólo el hombre es capaz, y si te pierdes esto no sabes lo que te has perdido. Te has perdido la mayor felicidad posible, la mayor paz y silencio y comprensión, la mayor intrepidez y libertad.

La afirmación de Buda es que todo lo que se entiende correctamente es sólo una manifestación momentánea de la misma naturaleza. Un Buda es un reconocimiento de esta vida interior que late en todo: en la hierba, en el agua, en las nubes, en los seres humanos. Dondequiera que haya vida, es Dios en alguna forma. Esta es una gran afirmación.

Buda dice,

CUANDO LLEGUE EL MOMENTO ADECUADO, LA NATURALEZA DE BUDA SE MANIFESTARÁ.

Ha habido una larga tradición y controversia entre los seguidores de Buda: "¿Qué se entiende por el momento oportuno?". Se puede malinterpretar, como dice Dogen. Se puede malinterpretar, que si va a suceder en el momento adecuado, entonces simplemente disfruta de tu bicicleta alquilada, ¿por qué perder el tiempo innecesariamente? Búscate una novia o un novio o cualquier tipo de amigo, o simplemente ve al cine. Haz cualquier cosa estúpida, porque en el momento adecuado la budeidad aparecerá - no importa, mientras tanto, lo que estés haciendo.

La gente ha utilizado esta afirmación para hacer lo que quieren -jugar, acumular posesiones, ser ricos, ser poderosos- porque no necesitan hacer ningún esfuerzo especial. En el momento adecuado, la naturaleza de Buda se manifestará. Esto es una especie de malentendido.

Por "momento oportuno" Buda no quiere decir que tengas que posponer este momento, que cuando llegue el momento oportuno.... Nunca llega. Siempre es el mismo momento. Y no es algo exterior que te sucede, es algo que florece dentro de ti.

¿Qué significa "el momento oportuno"? Un malentendido es que uno se limita a hacer actividades mundanas. El otro malentendido es acercar el momento oportuno mediante austeridades, ayunos, oraciones, ir a la iglesia o al templo, girar sobre sí mismo, hacer todo tipo de contorsiones, torturarse innecesariamente, con el fin de acercar el momento oportuno. Ésa es otra distorsión, otra interpretación errónea de la afirmación de Buda.

¿Cuál es el momento adecuado? dice Dogen,

MUCHOS MONJES, TANTO DEL PASADO COMO DEL PRESENTE, HAN CREÍDO QUE LA FRASE "CUANDO LLEGUE EL MOMENTO ADECUADO" SIGNIFICA ESPERAR A QUE LA NATURALEZA BÚDICA SE MANIFIESTE EN EL FUTURO. PIENSAN QUE SI CONTINÚAN ENTRENÁNDOSE EN EL CAMINO, LA NATURALEZA BÚDICA SE MANIFESTARÁ DE FORMA NATURAL EN EL MOMENTO ADECUADO. HASTA QUE LLEGUE ESE MOMENTO, CONCLUYEN ERRÓNEAMENTE QUE LA NATURALEZA BÚDICA NO SE MANIFESTARÁ, AUNQUE VISITEN A UN MAESTRO EN BUSCA DEL DHARMA O SE ENTRENEN DILIGENTEMENTE.

No hay necesidad, según esta idea errónea, de acudir a un maestro. Pero todo el malentendido tiene que ver con el momento adecuado, cuál es el momento adecuado. Cada momento es el momento adecuado. Sólo hace falta un poco de valor para arriesgar tus conocimientos, para arriesgar tu ego, para poner en juego todo lo que consideras valioso. Busca dentro de ti lo único que no puedes pedir prestado a nadie ni dar a nadie. Esa es tu naturaleza. Y esa naturaleza está siempre en el presente. De ahí que el presente sea el momento adecuado. Ni ayer ni mañana, ¡hoy! En este mismo momento puedes convertirte en un buda.

BASÁNDOSE EN ESTA FALSA CONCLUSIÓN, VUELVEN SIN SENTIDO A LA ORDINARIA

MUNDO Y ESPERAR EN VANO A QUE LLEGUE EL MOMENTO OPORTUNO.

El momento adecuado no ha llegado. Siempre ha estado aquí. dice dogen,

LAS PALABRAS "CUANDO LLEGUE EL MOMENTO OPORTUNO" SIGNIFICAN QUE EL MOMENTO OPORTUNO YA HA LLEGADO.

De hecho, nunca llega, nunca se va. Siempre está aquí. El océano permanece, el pez nace y un día desaparece. Igual que una ola, un poco más sólida, pero igual que una ola. El cielo permanece; de vez en cuando se nubla, pero esas nubes vienen y se van, dejando el cielo sin rasguños.

Hablar de nuestra naturaleza de Buda es hablar de nuestro ser más íntimo, de nuestro propio cielo. Nuestros pensamientos son sólo nubes, van y vienen. Nuestras emociones son sólo humo... momentáneo. Todo es momentáneo. Nuestra infancia se ha ido, nuestra juventud se ha ido, nuestra vejez se ha ido, nuestra vida misma se ha ido. En todo esto sólo una cosa permanece igual, y es la conciencia presente. En este sentido, Dogen dice que el momento adecuado ya ha llegado. No hay que esperar a que llegue.

NO PUEDE HABER DUDAS AL RESPECTO. AUNQUE SURJAN DUDAS, NO SON MÁS QUE LA MANIFESTACIÓN DE LA NATURALEZA DE BUDA EN NOSOTROS MISMOS.

Éstas son las hermosas aportaciones al mundo de quienes son buscadores de los misterios. Incluso las dudas son nuestra naturaleza, por lo que no hay que condenarlas. Si surge una duda, es una nube que ha llegado al cielo, pero el cielo no va a ser arañado por la nube. La nube desaparecerá; tal como ha surgido se irá.

Y de todos modos, lo que ocurre en el mundo forma parte del universo. Es inmensamente significativo comprender que incluso las dudas son nuestra naturaleza de Buda.

SI EL MOMENTO ADECUADO FUERA ALGO POR VENIR, LA NATURALEZA DE BUDA NO VENDRÍA.

Porque si viene y va, como las estaciones... la lluvia viene y va, el invierno viene y va, la primavera viene y va. Si la naturaleza de Buda depende del tiempo, entonces como viene se va. No puede depender de ninguna causalidad, no puede depender de ningún tiempo. El hecho es que ya está ahí, sólo tienes que estar lo suficientemente despierto para reconocerlo. El momento adecuado es éste, este instante. La insistencia del Zen en este momento es inmensa. No permite ningún aplazamiento.

ESTO SE DEBE A QUE EL MOMENTO ADECUADO YA HA LLEGADO; LA NATURALEZA BÚDICA YA SE HA MANIFESTADO. ESTE HECHO ES BASTANTE CLARO, PUES NUNCA HA HABIDO UN MOMENTO ADECUADO QUE NO HAYA LLEGADO, NI UNA NATURALEZA BÚDICA QUE NO SE HAYA MANIFESTADO.

En realidad es decir.... Una antigua historia Zen: Un hombre era conocido como un maestro ladrón, porque nunca había sido atrapado en su vida, y había robado en todos los palacios, en todas las casas ricas. De hecho, la situación había llegado a tal punto que la gente presumía de ello: de que el maestro ladrón había entrado en su casa.

Este maestro ladrón se encontró con Rinzai, quien le miró a los ojos y le dijo: "No te preocupes. Hagas lo que hagas, hazlo totalmente, y estarás expresando la naturaleza de Buda".

Pero el hombre dijo: "No sabes lo que estoy haciendo".

Me dijo: "No te molestes. Lo que sea que estés haciendo... Te conozco - eres un maestro ladrón. Estoy realmente celoso de ti. No soy un gran maestro cuando se trata de meditación. Tú eres un gran maestro cuando se trata de meditación", que se refiere a robar. Hazlo totalmente, y encontrarás tu Budeidad en su totalidad".

Ha habido carniceros que se han convertido en maestros, y sus maestros no les impidieron convertirse en carniceros porque eran tan perfectos, eran tan totales en lo que hacían. Esta es la única religión en todo el mundo que te lo permite todo. Hazlo totalmente, con absoluta conciencia, y todas tus actividades se convertirán en actividades de Buda. No hay necesidad de cambiar lo que haces. Si pintas, sé un pintor tan profundamente que desaparezcas y sólo quede la pintura. Si eres músico, ahógate en tu música, de modo que la música permanezca pero tú no. Y tu budeidad se manifestará de miles de maneras.

Este es el único enfoque religioso en todo el mundo y en toda la historia del hombre que acepta todas las actividades del hombre sin rechazar nada. Puedes hacer de todo una oración, de todo una meditación, de todo tu ofrenda al universo.

Un poeta Zen:
EL COMPAÑERO DEL VIENTO FURIOSO:
EN EL CIELO,
LA LUNA ÚNICA.

Son haikus pictóricos. Sentado en silencio, un meditador abre los ojos y ve en el cielo a la compañera del viento furioso: la única luna. Pero la luna no se mueve, no vacila a causa del furioso viento. Si puedes encontrarte en el centro del ciclón, has encontrado la luna: ningún viento furioso, ningún pensamiento, ninguna emoción, nada puede perturbarla. Es imperturbable.

Un haiku de Issa:
PERDIDO EN EL BAMBÚ,
PERO CUANDO LA LUNA ILUMINA -
MI CASA.

Son sólo fragmentos de experiencia. Nadie los llamará gran poesía; no están en la misma categoría.

Tienen su propia categoría. Lo que está diciendo es: "En meditación silenciosa, vi... PERDIDO EN EL BAMBÚ, PERO CUANDO LA LUZ DE LA LUNA - MI CASA".

Sólo una imagen... y uno se convierte en espejo. Este haiku es sólo el espejo de una casa, escondida en la espesa arboleda de bambú; y llega la luna, y de repente la casa que estaba escondida en la oscuridad se convierte en luz.

Un haiku de Basho:
UNA NUBE,

TRATANDO DE ENVOLVER LOS RAYOS DE LA LUNA, UNA LLUVIA MONZÓNICA.

Disfruta de todo -la luna, la nube, la lluvia monzónica- porque para el meditador todo se vuelve tan divino que es expresión y manifestación de la misma fuente original.

Pregunta 1:

preguntó Maneesha:

NUESTRO QUERIDO MAESTRO,

NO PARECE TAN DIFÍCIL ABANDONAR LAS NOCIONES DE BIEN Y MAL CON RESPECTO A LA MORAL DE ALGUNA SOCIEDAD. MÁS DIFÍCIL ES RENUNCIAR A LA SENSACIÓN DE QUE LA ILUMINACIÓN ES "CORRECTA", Y QUE HASTA QUE NO ME DÉ CUENTA, ESTOY DE ALGUNA MANERA "EQUIVOCADO".

AMADO MAESTRO, ¿PODRÍA PONERME EN ORDEN?

Maneesha, tienes razón. Nadie puede equivocarse contigo. Tal como eres, eres el Buda. No importa que estés sentado en una postura diferente. No importa que seas una mujer y no un hombre. No importa que no camines como Buda, que no hables como Buda. Hagas lo que hagas, no puedes hacer nada que no sea una manifestación de la Budeidad.

Comprender este punto es alcanzar una gran altura de conciencia. El ladrón está haciendo su parte, sólo tiene que hacerlo perfectamente. Y si no es un buda - eso es sólo una idea, una nube que ha cubierto la luna; pasará. Las nubes no se quedan para siempre.

Y puedo entenderlo, Maneesha. Seguirá siendo difícil hasta que te ilumines. Pero cada noche te iluminas, y de nuevo lo olvidas. ¿Qué hacer con tu imposibilidad, tu terquedad, tu insistencia en que "No, no soy un Buda"? Depende de ti. Si insistes, eso también es una manifestación de Budeidad. En eso consiste el Zen: en decirte que hagas lo que hagas, lo hagas con plena conciencia. Eres un Buda, no puedes ser de otra manera. Es imposible no ser un Buda. Puedes dudarlo, puedes negarlo, pero la duda y la negación son todas potencialidades de tu Budeidad.

Ningún árbol niega, ningún pájaro niega, ningún animal duda. Sólo el hombre duda, no puede aceptar: "Una pobre criatura como yo, ¿qué hay de un Buda?". Está perfectamente dispuesto a adorar a un Buda. Está perfectamente dispuesto a rezar ante estatuas de piedra hechas por el hombre. Pero esto le parece demasiado como para aceptar el hecho de que "yo soy un Buda".

Y te digo que es simplemente cuestión de cansarse de no ser un Buda -así es como me ocurrió a mí-. Lo intenté y lo intenté, y finalmente dije: "Es mejor ser un buda sin esfuerzo". Y desde entonces soy un buda. Ni por un solo momento he sido de otra manera. Ni por un solo momento me ha surgido ninguna duda.

Sólo hace falta un poco de coraje. Tradicionalmente te han desanimado, te han humillado. Lo único que hace falta es rebelarse contra toda humillación, rebelarse contra todas las falsas ideas que te han impuesto, expresar tu dignidad con alegría. Y ser un buda no es una comparación, así que no es una cuestión de ego. No es que si Maneesha se convierte en buda, entonces Chitten se convertirá en un humano corriente sentado junto a Maneesha, un buda. Chitten es un buda desde el principio. Es un Buda mayor. Si te conviertes en Buda hoy, habrá muchos que se hayan convertido en Buda hace días. Ayer se convirtieron unos pocos, anteayer se convirtieron unos pocos. Todavía estás a tiempo de reconocerte a ti mismo, y expresar tu dignidad, y rechazar todas las ideas de humillación y todas las ideas de destrucción de tu dignidad.

Todo mi esfuerzo aquí no es entrenarte para ser un Buda, sino sólo darte valor para que puedas aceptar tu Budeidad sin ningún temor.

Y cuando desaparece el miedo, desaparecen las nubes, y la luna llena por la noche....

Maneesha, lo intentaré de nuevo hoy. A ver si puedo enderezarte o no. Llevo treinta años intentándolo continuamente. He enderezado a gente y cuando me he ido se han venido abajo. En mi presencia reconocen que son Budas. En mi ausencia surge la duda. Maneesha, sentada en su habitación: "Dios mío, ¿yo, una pobre chica, y un Buda? No he renunciado a un reino, no he hecho grandes austeridades, no me he torturado, no me he disciplinado."

Shunyo me ha dicho hoy que Zareen quería que llevara un sari. Ahora el sari se adapta perfectamente a la curvatura de la mujer india. Es muy raro que una mujer occidental se vea agraciada con un sari, se ve un poco rara. No puedo evitarlo, no significa que reniegue, sólo que Buda se ha vuelto un poco raro. Y se lo había dicho a Shunyo hacía mucho tiempo, porque una vez se había probado un sari y le había dicho: "Esto no es para ti. Eres demasiado larga para él, y demasiado recta". Zareen le queda bien. De hecho, Zareen no puede llevar sari. En la comuna había venido a verme en bata, ¡y parecía un globo! No me lo podía creer, ¿qué le había pasado?

A ninguna mujer india le sienta bien una bata, especialmente a las del tipo Zareen. El sari es un arte muy inventivo por parte de las mujeres tipo Zareen. Oculta todos los crecimientos innecesarios y los mantiene atados, ¡de lo contrario pueden caerse y esparcirse por todas partes! Y por amor insistió: le dijo a Shunyo: "Sólo tardaré cinco minutos". Y Shunyo me decía: "He tardado una hora en ponerme el sari". Y Zareen me decía después: "Estás exagerando, ¡sólo se tardan cinco minutos!".

Eres un buda. Sólo hacen falta cinco minutos. Pero sigues insistiendo cada día, preguntando una y otra vez: "¿Crees que yo también soy un buda?". O: "¿Crees que sigo siendo un buda?". Ayer eras un Buda, hoy eres un Buda, mañana serás un Buda. Hagas lo que hagas, no importa. Tu budeidad es tu propia vida.

Puedes cambiar tu ropa, puedes cambiar tus acentos, puedes cambiar tu comportamiento, no importa. Hay tantas manifestaciones de la budeidad, es una hermosa variedad. Si todo el mundo se pareciera a Buda, sentado bajo cada árbol, piensa en el aburrimiento. Vayas donde vayas te encuentras con el mismo Buda; mires donde mires, bajo cada árbol, ¡Buda está sentado! Te suicidarías: es mejor morir que vivir en una ciudad donde todo el mundo se comporta como Buda.

Pero sigo insistiendo en que eres un Buda. No te estoy diciendo que tengas que comportarte como un Buda; tienes que ser espontáneamente tú mismo. Y ser honesto y totalmente tú mismo es lo que significa la naturaleza de Buda.

Antes de volver a nuestra naturaleza de Buda, un poco de risa nos vendrá bien. Antes de arriesgar, siempre es bueno reír, porque puedes morir cuando yo diga morir. Si eres realmente total, morirás. Así que Nivedano puede seguir tocando su tambor... no volverás. Pero vuelves tan rápido que sospecho que no mueres. Te esfuerzas, lo sé, y todo el mundo se las arregla para ponerse en la posición cómoda correcta. Eso no está permitido. Cuando estás muriendo, ¡muere! Eso no significa: "Ahora qué posición tan cómoda..." Otros se harán cargo cuando hayas terminado. Pero sabes muy bien que es sólo un ensayo, el verdadero drama aún no ha empezado, y no hay prisa. De todas formas puedes morirte mañana.

Zabriski sale con la bella Gloria. Están sentados en un rincón tranquilo del bar, bebiendo martinis, cuando Zabriski se inclina y susurra al oído de Gloria: "¿Qué dirías si te propusiera matrimonio?".

"Nada", responde Gloria. "¡No puedo hablar y reír al mismo tiempo!".

Es monzón en Poona y Swami Deva Coconut se encuentra con Swami Veet Herschel en MG Road.

"¡Hola Coco!" Dice Herschel. "Quería preguntarte si puedes devolverme el paraguas que te presté".

"Oh, lo siento", dice Coconut. "Se lo presté a un amigo mío. ¿Lo querías?"

"No para mí", responde Herschel. "¡Pero el swami que me lo prestó dice que el dueño lo quiere de vuelta!".

Un polaco resulta gravemente herido en un accidente de coche y tiene que someterse a un trasplante de cerebro. Un equipo de cirujanos lo duerme, le extirpa el cerebro y va a la sala contigua a por uno nuevo. Pero cuando regresan al quirófano, el polaco ha desaparecido.

La policía lo busca por todas partes, pero sin éxito: ha desaparecido. Los médicos se ponen en contacto con la policía internacional y ésta busca por todo el mundo al descerebrado polaco.

Por fin, cinco años después, lo encuentran. Lleva una túnica y un gran sombrero y vive en el Vaticano.

El general Brahmachapatti lleva un par de semanas ingresado en la clínica Ruby Hall para someterse a una operación menor.

Las enfermeras están hartas de él. Siempre quejándose de la comida y el servicio, despertando a las enfermeras en mitad de la noche, exigiendo tazas de chocolate caliente, etc.

Una mañana, una enfermera entra en su habitación y le dice: "Buenos días, General. Por favor, bájese el pijama y dese la vuelta: Tengo que tomarle la temperatura".

"Pero enfermera", protesta el general, "siempre tengo el termómetro en la boca, no en el culo. ¿Por qué este cambio?"

"Esta mañana", explica la enfermera, "necesitamos una temperatura muy exacta, para que el laboratorio pueda hacer un análisis".

El general acepta malhumorado, se quita el pijama, se da la vuelta y levanta el culo.

"Ahora, General", dice la enfermera, haciendo la inserción, "este es un termómetro especial y hay que dejarlo puesto el tiempo suficiente para obtener un resultado exacto. Así que no se mueva hasta que vuelva".

En las horas siguientes, mucha gente entra en la habitación del general, pero todos se limitan a jadear y salir corriendo avergonzados. Finalmente, la esposa del general viene a visitarlo.

Entra y se queda mirando asombrada, sin saber qué decir.

"¿Qué te pasa, mujer?", truena el general. "¿Nunca has visto cómo le toman la temperatura a alguien?".

"Sí, cariño, lo he hecho", balbucea su mujer, "¡pero no con un plátano!".

Ahora Nivelano...
(Golpe de tambor)
(Rigmarole)
Nivedano...
(Golpe de tambor)
Cállate...
Cierra los ojos...
Siente el cuerpo congelado, sin movimiento.
Recoge tu conciencia hacia dentro,
cerca del centro.
Cuanto más profundo vayas,
más satisfacción encontrarás,
el reconocimiento de un buda.
en este momento de silencio
sólo hay diez mil budas
sentado aquí.
Haz que esta experiencia sea lo más profunda posible.
Y mantenlo vivo en tus actividades ordinarias
veinticuatro horas. cada acción
debería ser un recordatorio de que eres un buda...
y tu acción es una manifestación de tu naturaleza.
no actúes de forma poco natural
no actúes artificialmente, no seas hipócrita.
Sé natural y serás un buda.
Así que reúne tu conciencia
más profundamente,
para cristalizarlo.
Nivedano...
(Golpe de tambor)
Descansa bien...
Cálmate...

morir de verdad
no te preocupes por lo que pase después.
El mundo seguirá... no te preocupes,
simplemente morir.
Mientras el cuerpo yace muerto,
puedes entrar en ti más fácilmente.
No se identifica con el cuerpo
se puede ver el cielo abierto en el interior.
Esta es tu eternidad.
Esta es tu realidad.
Esto es todo.
Todo lo demás son comentarios.
Esta experiencia es la única verdad.
Un silencio tan hermoso...
Una noche tan feliz...
Sois los seres más afortunados
en la tierra en este momento.
Comprender su dignidad
y el honor de ello.
Aquí mi trabajo no es para que busques
para el Buda,
así que deja de buscar...
y mira dentro.
Está ahí dentro de ti.
Nivedano...
(Golpe de tambor)
Devoluciones,
pero sin prisa.
Alguien puede haber muerto.
No molestes a los muertos.
Los que aún viven
vuelve. Y siéntate en silencio durante unos minutos

recordar la experiencia
por lo que has pasado
Usted es una rara asamblea.
Solía ser en el pasado...
Aquellos días fueron dorados
cuando había cientos de asambleas
Así que...
reconocer su naturaleza
y recuérdalo
en sus acciones y manifestaciones.
Ese mundo dorado ha desaparecido.
pero al menos para ti
este momento abre toda la gloria del ser.
¿De acuerdo Maneesha?
Sí, querido maestro.
¿Te he puesto bien?
Sí, querido maestro.
¿Ahora podemos celebrar esta gran reunión de budas?
Sí, querido maestro.

El océano sin montañas

NUESTRO QUERIDO MAESTRO, DOGEN CONTINÚA:

CUANDO MIRAMOS ALREDEDOR DE NUESTRO BARCO EN EL OCÉANO SIN MONTAÑAS, NO VEMOS MÁS QUE LA FORMA CIRCULAR DEL OCÉANO. PERO ESTE GRAN OCÉANO NO ES CIRCULAR NI CUADRADO; SUS OTRAS FORMAS Y MOVIMIENTOS SON INNUMERABLES. PARA LOS PECES ES COMO UN PALACIO PARA LOS SERES CELESTIALES ES COMO UN COLLAR. SÓLO HASTA DONDE ALCANZA LA VISTA APARECE TEMPORALMENTE CIRCULAR.

ESTO TAMBIÉN OCURRE CON TODO. TODAS LAS COSAS MUNDANAS Y NO MUNDANAS TIENEN VARIOS ASPECTOS, PERO SÓLO PODEMOS VERLOS Y DARNOS CUENTA DE ELLOS A TRAVÉS DE LA COMPRENSIÓN PRÁCTICA....

HASTA DONDE LOS PECES NAVEGAN EN EL AGUA, EL AGUA NO TIENE FIN. HASTA DONDE VUELAN LOS PÁJAROS EN EL CIELO, EL CIELO NO TIENE FIN. PERO NINGUNO DE ELLOS HA SALIDO JAMÁS DEL AGUA NI DEL CIELO.

CUANDO SU NECESIDAD ES GRANDE, HAY GRAN ACTIVIDAD; CUANDO SU NECESIDAD ES PEQUEÑA, HAY POCA ACTIVIDAD. ASÍ, NUNCA DEJAN DE EXPRESAR SU PLENA CAPACIDAD EN CADA COSA, Y EJERCEN SU LIBRE

ACTIVIDAD EN CADA LUGAR.

PERO EN CUANTO UN PÁJARO ABANDONA EL CIELO, MUERE. LO MISMO OCURRE CUANDO UN PEZ SALE DEL AGUA. PODEMOS DARNOS CUENTA DE QUE EL AGUA ES LA VIDA PARA EL PEZ; QUE EL CIELO ES LA VIDA PARA EL PÁJARO; QUE EL PÁJARO ES LA VIDA PARA EL CIELO; QUE EL PEZ ES LA VIDA PARA EL AGUA; QUE LA VIDA ES UN PÁJARO, O QUE LA VIDA ES UN PEZ. SOBRE ESTO PUEDE HABER MUCHAS OTRAS EXPRESIONES.

EN EL MUNDO HUMANO EXISTE LA PRÁCTICA Y LA ILUMINACIÓN, O LA VIDA LARGA Y LA VIDA CORTA. ÉSTE ES TAMBIÉN EL ESTADO REAL DE LAS COSAS. SIN EMBARGO, SI UN PÁJARO O UN PEZ INTENTAN CRUZAR EL CIELO O EL AGUA DESPUÉS DE CONOCERLOS COMPLETAMENTE, NO ENCONTRARÁN NINGÚN CAMINO QUE SEGUIR NI NINGÚN LUGAR AL QUE LLEGAR.

Maneesha, el misticismo oriental ha aceptado capas de realidad. La ciencia occidental sólo conoce una realidad, la de la materia. Es pobre, carece de variedad. El misticismo oriental, del que el zen no es más que la cúspide, acepta la realidad de tu ser interior que no puedes ver, que no puedes comprender, pero que eres. Puedes despertar a ella o permanecer dormido, no hay diferencia en la cualidad interior de tu ser. Esa es tu realidad última.

Luego está el cuerpo, que no es más que una apariencia, una apariencia en el sentido de que cambia constantemente. Ves a una mujer hermosa o a un hombre hermoso y ya están envejeciendo. En el momento en que te regocijas en la belleza de una rosa, no tarda en desaparecer en la tierra. Este tipo de realidad también tiene su lugar en la visión oriental. Lo llaman apariencia, cambio de un momento a otro. Hay un tiempo para nacer y hay un tiempo para morir. Las estaciones volverán y las flores florecerán de nuevo. Es el viaje de ida y vuelta de la existencia en la que -excepto tu ser, tu centro- todo sigue cambiando. Este mundo cambiante es una realidad relativa.

Y luego hay otras realidades, como los sueños. Sabes que no lo son, pero aun así los ves. No sólo los ves, sino que te afectan. Si tienes una pesadilla y te despiertas, verás que tu corazón late más deprisa, que tu respiración ha cambiado a causa de la pesadilla. Puede que incluso sudes de miedo. No puedes decir que la pesadilla no existe; si no, ¿de dónde viene esa transpiración y ese cambio en los latidos del corazón y la respiración?

La mística oriental acepta esta tercera capa de la realidad: el sueño, el horizonte que ves a tu alrededor, que no existe en ninguna parte... pero que puedes ver desde cualquier sitio.

Antes de explicar a Dogen, que esto sirva de introducción, porque esto es lo que intenta decir:

que todo sucede y, sin embargo, hay algo que nunca sucede; que todo nace y muere y, sin embargo, hay algo que nunca nace y nunca muere. Y a menos que te centres en esa fuente eterna, no encontrarás la paz, no encontrarás la serenidad, no encontrarás la felicidad, no encontrarás la plenitud. No te sentirás en casa, a gusto en el universo. Seguirás siendo sólo un accidente, nunca llegarás a ser esencial.

Y todo el esfuerzo del Zen, o de cualquier método meditativo, consiste en acercarse a lo que nunca cambia, a lo que siempre está ahí. No conoce el tiempo.... Si no hay cambio, ¿cómo puede haber pasado, futuro y presente? El mundo que conoce el pasado, el futuro y el presente sólo puede ser relativamente real: hoy está ahí, mañana no. El cuerpo en el que tanto creías muere un día. La mente en la que tanto creías no te sigue, muere con el cuerpo. Ha formado parte del mecanismo del cuerpo.

Lo que sale volando del cuerpo en la muerte es un pájaro invisible que vuela hacia un cielo invisible. Pero si eres consciente estarás bailando, porque por primera vez habrás sabido lo que es la libertad. No es una libertad política ni una libertad económica; es una libertad más fundamental, existencial. Y todo lo que surge de esta libertad es bello, elegante. Tus ojos son los mismos, pero tu visión ha cambiado. Tu amor está ahí, pero ya no es lujuria, ya no es posesivo. Se convierte en compasión. Sigues compartiendo tu alegría en tus canciones, en tus bailes, en tu poesía, en tu música... pero sólo por su pura alegría.

Ha sido un debate que ha durado siglos: ¿para qué sirve el arte? Ha habido utilitaristas pragmáticos que dicen que el arte debe servir para algo, de lo contrario es inútil. Pero esta gente no conoce el arte.

El arte sólo puede ser por sí mismo. Es la alegría pura de un cuco solitario, de unos bambúes que callan, de un pájaro que vuela hacia el cielo. El propio vuelo, la sensación de libertad, se basta a sí mismo. No necesita servir para nada más.

Pero eso sólo es posible si has conocido tu existencia fundamental. Conoces la mente, que es prestada, que es alimentada, educada. Conoces tu cuerpo muy superficialmente. No sabes cómo funciona, aunque sea tu cuerpo. No sabes cómo convierte la comida en sangre, cómo distribuye el oxígeno a las distintas partes del cuerpo.

El cuerpo tiene su propia sabiduría. La naturaleza no te ha dejado recordar la respiración, porque puedes olvidarla. Tienes tanto sueño que la naturaleza no puede correr el riesgo. Si tuvieras que recordar tu respiración, no creo que estuvieras aquí. Te habrían olvidado mucho antes.

Pero te acuerdes o no, estés despierto o dormido, la respiración sigue por sí sola, el corazón sigue funcionando por sí solo, el estómago sigue digiriendo por sí solo. No te pide consejo, ni necesita ninguna educación médica, ni necesita ningún consejo. Simplemente tiene una sabiduría intrínseca propia.

Pero es sólo tu casa, tú no eres ella. Esta casa se hará, un día, vieja. Un día sus paredes empezarán a caer, sus puertas a caer. Un día no quedará rastro de la casa, todo habrá desaparecido. ¿Pero qué pasó con el hombre que vivía en la casa?

Tienes que entender ese principio. Puedes llamarlo conciencia, iluminación, consciencia, budeidad, no importa el nombre que le des. Pero es responsabilidad absoluta de todo ser humano no perder el tiempo en asuntos mundanos. Lo primero es lo primero. Y lo primero es ser y saber lo que es este ser. No sigas corriendo detrás de las mariposas. No sigas mirando al horizonte que sólo parece ser pero no es.

Me recuerda... Hace veintitrés siglos, Alejandro Magno llegó a la India. Su maestro era un gran filósofo, el padre de la lógica, Aristóteles. Y cuando llegaba a la India, Aristóteles le preguntó: "¿Puedes traer algo para mí como regalo?"

Alexander dijo: "Como quieras, dilo".

Aristóteles dijo: "No es tan fácil, pero esperaré. Por favor, tráeme un sannyasin cuando vuelvas, un hombre que se haya realizado a sí mismo. Porque no sabemos lo que significa... lo que significa ser un Buda. Consigue un Buda y tráelo contigo". ".

Alejandro no era consciente de lo que prometía. Le dijo: "No te preocupes. Si Alejandro quiere mover el Himalaya, tendrá que moverse. Y tú sólo pides un ser humano. Espera, dentro de unos meses volveré".

Y había tanto que hacer que sólo en el último momento recordó que se había olvidado de agarrar a un Buda, alguien que conoce la realidad más íntima. A su regreso, preguntó por las fronteras de la India. La gente se reía de la sola idea. Dijeron: "En primer lugar, es muy difícil reconocer que alguien es un Buda. En segundo lugar, si te abres lo suficiente para recibir el resplandor de un Buda, caerás rendido a sus pies. Te olvidarás de llevártelo contigo. Esperamos que no encuentres un buda: vuelve a casa".

Alejandro no podía entender.... ¿Qué clase de ser humano es un Buda, que no puede ser arrebatado por la fuerza? Finalmente, dijo: "Envía mensajeros por todo el lugar, averigua si hay alguien que afirme haber vuelto a casa".

Y la gente venía y decía: "Sí, un sannyasin desnudo junto al río dice: '¿Dónde más puedo estar? - Yo estoy aquí. ¿Y quién más puedo ser? -

Soy Buda'".

Alejandro fue él mismo a conocer al hombre. El diálogo fue tremendamente hermoso, pero muy chocante para Alejandro Magno. Nunca había conocido a un hombre así, pues antes de que dijera una sola palabra -tenía una espada desnuda en la mano- el anciano, desnudo y pobre, le dijo: "Vuelve a envainar tu espada, aquí no la necesitarás". ¿Un hombre inteligente que lleva una espada? ¡Te voy a pegar! Vuelve a poner la espada en su vaina".

Por primera vez, Alejandro se encontró con alguien que le daba órdenes, y tuvo que seguirle. A pesar de sí mismo, tuvo que seguirlo. Y dijo: "He venido con una plegaria: Ven conmigo, a mi tierra.

Mi maestro quiere ver a un Buda. Nosotros en Occidente no sabemos nada de lo que significa este ser interior".

El anciano se echó a reír. Dijo: "Esto es divertidísimo. Si tu maestro no lo sabe, ni siquiera es un maestro. Y si quiere ver a un Buda, tendrá que ir a un Buda; no se le puede traer un Buda. Dile a tu maestro: "Si tienes sed, ven al pozo; el pozo no vendrá a ti".

"Y en cuanto a ti, Alejandro", dijo el anciano, "al menos aprende a ser humano. Te presentaste como Alejandro Magno. Éste es el ego que te impide conocer a tu Buda. Lo llevas dentro, pero esta "grandeza", este deseo de conquistar el mundo... ¿Qué harás con la conquista del mundo? Pronto la muerte se lo llevará todo. Morirás desnudo, serás enterrado en la tierra. Nadie se molestará en no pisarte, y ni siquiera podrás objetar: 'No os acerquéis. Soy Alejandro Magno'. Por favor, abandona esa idea de grandeza. Y recuerda también que la palabra 'Alejandro' no es tu nombre".

Alejandro dijo: "¡Dios mío! Es mi nombre, ¿cómo puedo convencerte?".

No se trata de convencerme. Nadie viene al mundo con un nombre. Se dan todo tipo de nombres -etiquetas pegadas, pegadas- y tú te conviertes en la etiqueta. Olvidas por completo que has venido sin ningún nombre, sin ninguna fama. Y morirás de la misma manera.

"Dile a tu maestro que venga y se enfrente al león. Si tiene la capacidad de moverse hacia dentro, sólo entonces podrá saber lo que significa ser un Buda; lo que significa estar iluminado. Porque otra persona se ilumine tú no puedes entenderlo. - Es igual que cuando otra persona bebe agua no puede saciar tu sed".

Alejandro tocó los pies del anciano y le dijo: "Siento molestarle. Puede que no entendamos bien el idioma del otro".

Y aún hoy es cierto: la mente occidental y la mente occidental educada -puede que haya nacido en Oriente- ha olvidado el lenguaje que Dogen va a utilizar. Hay que ser muy consciente, estar muy alerta, para no malinterpretar. Un mundo diferente, un clima diferente que solía estar aquí, que había hecho de este mundo una hermosa peregrinación de búsqueda y.... Ahora es sólo un mercado para comprar armas, y luchar y matar y guerras. ¿A quién le importa la meditación? Parece un eco muy lejano. No parece estar relacionado con nosotros de ninguna manera.

Pero a menos que estés abierto a este eco distante, no entenderás lo que Dogen está diciendo.

dogen dice:

CUANDO MIRAMOS ALREDEDOR DE NUESTRO BARCO EN EL OCÉANO SIN MONTAÑAS, NO VEMOS MÁS QUE LA FORMA CIRCULAR DEL OCÉANO. PERO ESTE GRAN OCÉANO NO ES CIRCULAR NI CUADRADO; SUS OTRAS FORMAS Y MOVIMIENTOS SON INNUMERABLES. PARA LOS PECES ES COMO UN PALACIO PARA LOS SERES CELESTIALES ES COMO UN COLLAR. SÓLO HASTA DONDE ALCANZA LA VISTA APARECE TEMPORALMENTE CIRCULAR.

Su circularidad es sólo una apariencia. Aunque cuando la ves, está ahí, sabes que no es una realidad. Si vas hacia él nunca lo alcanzarás; seguirá retrocediendo... es el horizonte. Pero tiene una cierta realidad propia, aunque no sea la realidad última. Nuestro cuerpo es nuestra circunferencia, nuestro horizonte. Aparece, vive, respira, pero no es nuestro yo.

ESTO TAMBIÉN OCURRE CON TODO. TODAS LAS COSAS MUNDANAS Y NO MUNDANAS TIENEN DIVERSOS ASPECTOS, PERO SÓLO PODEMOS VERLOS Y REALIZARLOS MEDIANTE LA COMPRENSIÓN PRÁCTICA.

Para un ciego no hay luz.

Sucedió... Un erudito altamente educado era ciego, en la época de Gautam Buda. Y era tan elocuente en su argumentación que todo el pueblo fue torturado por él, porque todos trataban: "Eres ciego, así que la luz no está a tu alcance".

Pero él dijo: "Entonces haz que esté disponible a través de otras fuentes. Puedo oírlo - golpear como un tambor ". No se puede golpear la luz como un tambor.

Y el ciego dijo: "Puedo tocar, al menos déjame tocar la luz. Mi mano está abierta, ¿dónde está tu luz? Puedo oler..." Pero todos estos sentidos no son capaces de percibir la realidad de la luz.

Todo el pueblo estaba torturado: "¿Qué hacer con este hombre? Es tan discutidor... todos sabemos lo que es la luz, pero él lo niega. Y tiene razones válidas: no podemos ofrecer ninguna prueba".

Oyeron que Gautam Buda iba a venir a su pueblo. Pensaron: "Esta es una buena oportunidad para llevar a este ciego ante Gautam Buda. Si Gautam Buda no puede convencerlo, entonces tal vez no sea posible. Y de cualquier manera será muy crucial; podemos ver hasta qué punto Gautam Buda puede discutir con este hombre". hombre".

Pero estaban equivocados. Gautam Buda no discutió con el hombre. Simplemente le dijo: "No le acoses, es feo que le digas que hay luz. Si fueras lo bastante compasivo, deberías haber intentado encontrar algún médico que curara sus ojos. La luz no es un argumento; se necesitan ojos para verla y entonces No hay duda".

Gautam Buda tenía su propio médico personal. Le dijo a su doctor:

"Quédate en esta aldea hasta que los ojos de este hombre sanen. Me iré con mi caravana".

Al cabo de seis meses vinieron el médico y el ciego, pero ya no estaba ciego. Vino bailando Se postró a los pies de Gautam Buda y le dijo: "Te agradezco mucho que no te hayas puesto filosófico conmigo, que no me hayas humillado. Que en vez de hacer una gran discusión, te hayas limitado a decir algo sencillo: que no es cuestión de luz, sino de ojos."

Lo mismo ocurre con el ser interior: no es cuestión de tu inteligencia, no es cuestión de tu racionalidad, no es cuestión de tu lógica, de tus conocimientos científicos, de tus escrituras. Es una cuestión de penetración directa con los ojos cerrados en tu propio ser, oculto tras tus huesos.

Una vez que se sabe esto, sobreviene una tremenda relajación. La vida se convierte por primera vez en una danza. Incluso la muerte deja de ser una perturbación.

HASTA DONDE LOS PECES NAVEGAN EN EL AGUA, EL AGUA NO TIENE FIN. HASTA DONDE VUELAN LOS PÁJAROS EN EL CIELO, EL CIELO NO TIENE FIN. PERO NINGUNO DE ELLOS HA SALIDO JAMÁS DEL AGUA NI DEL CIELO.

Es una vieja historia... sobre un joven pez muy curioso que pregunta: "He oído hablar mucho del océano, pero no veo dónde está".

Un viejo pez le dijo al joven filósofo: "no seas idiota, estamos en el océano y somos el océano. Salimos de él y desaparecemos en él. No somos más que olas en el océano".

Lo mismo ocurre con los pájaros. ¿Crees que pueden encontrar el cielo? Aunque estén volando todo el día, a lugares lejanos, no pueden encontrar el cielo. Porque nacen del cielo y un día desaparecerán en el cielo.

Son afirmaciones simbólicas. De hecho, dicen que eres parte del universo. Surges como una onda en el universo y un día desapareces de nuevo en el universo. Este universo no es algo objetivo, es algo subjetivo. Es algo que está conectado con tu núcleo más íntimo. Si te has encontrado a ti mismo, has encontrado todo el océano, todo el cielo, con todas sus estrellas, con todas sus flores, con todos sus pájaros. Encontrarte a ti mismo es encontrarlo todo. Y perderte a ti mismo... puedes tener palacios e imperios y grandes riquezas: todo es inútil.

CUANDO SU NECESIDAD ES GRANDE, HAY GRAN ACTIVIDAD; CUANDO SU NECESIDAD ES PEQUEÑA, HAY POCA ACTIVIDAD.

Los peces y los pájaros son seres espontáneos. Excepto el hombre, en todo este universo nadie se ha vuelto loco. Sigues trabajando aunque no haya necesidad de trabajar, te mantienes ocupado, sin ningún negocio, de lo contrario alguien te señalará: "¿Qué estás haciendo?". Y no tienes el valor de decir: "Sólo estoy siendo".

La gente se reirá y te sugerirá: "Haz algo, estar ahí no sirve de nada. Consigue un trabajo. Gana dinero". Pero un pez no trabajará más de lo absolutamente necesario.

A Henry Ford, antes de morir, le preguntaron: "Ya has cruzado la línea, has batido todos los récords de riqueza. Ahora no hay competidor contra usted. ¿Por qué sigues trabajando continuamente?"

Y te sorprenderá saber que solía ir a su despacho a las siete de la mañana.

Los obreros solían llegar a las diez, los empleados a las once y el director a las doce. El director se iba a las cuatro, los empleados a las cinco, los obreros a las seis, pero Henry Ford seguía trabajando. Y fue el hombre más rico de su época.

El interrogador tenía razón al preguntar: "¿Por qué sigues y sigues? Es una actividad innecesaria.

Has ganado mucho, puedes hacer lo que quieras".

Y su respuesta es la de un hombre sabio; poco ilustrado, pero ciertamente la vida le había hecho sabio. Dijo: "Se convirtió en un hábito. No podía dejar de enriquecerme más y más. Sabía que ya no era necesario, pero es muy difícil romper un viejo hábito, un hábito de toda la vida."

Excepto el hombre... ningún árbol tiene hábitos, ni los pájaros ni los peces. Toda la naturaleza es espontánea.

Simplemente funciona cuando lo necesitas, deja de funcionar y se queda en silencio cuando no lo necesitas. De hecho, según yo, esto es la cordura: hacer sólo lo necesario. Incluso si vas un centímetro más allá, habrás sobrepasado la cordura, te habrás vuelto loco. Y la locura no tiene fin.

CUANDO SU NECESIDAD ES GRANDE, HAY UNA GRAN ACTIVIDAD. Esto puede entenderse desde muchos aspectos. Excepto el hombre, ningún animal se interesa por el sexo durante todo el año. Hay una estación, una estación de apareamiento; una vez que esa estación termina... durante el resto del año nadie se preocupa por el sexo. No encontrarás maníacos sexuales entre las aves, ni tampoco célibes. No encontrarás, ni siquiera en su época de apareamiento, que sean muy felices.

He estado observando a los pájaros, a los animales, y me sorprende que su actividad sexual parezca forzada. No parecen felices. Basta con mirar a un perro haciendo el amor. Lo están haciendo bajo alguna compulsión, alguna compulsión biológica, de lo contrario no están interesados. Y una vez que se acaba la temporada no hay interés en absoluto. Por eso el matrimonio no ha aparecido en el mundo animal. ¿Qué vas a hacer con un matrimonio? Una vez terminada la época de apareamiento, ¡adiós al otro!

Pero con el hombre es un hábito. Incluso ha convertido una necesidad biológica en un hábito. Te sorprenderá saber que, según los psicólogos y sus encuestas, cada hombre piensa en las mujeres al menos una vez cada cuatro minutos, y cada mujer piensa en los hombres al menos una vez cada siete minutos. Esta disparidad es la causa de una tremenda miseria.

Por eso cada noche cuando el marido llega a casa... la mujer estaba perfectamente, y de repente parece británica, le duele la cabeza. Los maridos brillantes traen a casa aspirinas griegas súper fuertes. Pero raramente hay maridos brillantes, porque si eres brillante nunca serás marido. Ese tipo de cosas son para retrasados, los brillantes se quedan absolutamente libres.

Si observas a la humanidad, no creerás que no es un manicomio. Alguien se fuma un cigarrillo... aunque en el paquete ponga que es peligroso para la vida.

Y justo el otro día, me dolía un poco el oído. Anando estaba allí. Le pregunté: "¿Puedes traer un algodón?"

Ella dijo: "No".

Ahora incluso en los bastoncillos de algodón se ha escrito la misma frase: "Es peligroso para su salud. No los utilices".

Y Anando me dijo: "La pobre Hasya solía decir que este era su único disfrute, ahora incluso eso se ha ido." Siéntate tranquilamente y disfruta... No le hacía daño a nadie.

Hay gente que está mascando chicle. No se puede pensar en una cosa más idiota. ¿Goma de mascar?

¿El chicle está hecho para mascar?

La gente está haciendo todo tipo de cosas que si observas y anotas, encontrarás.... "Dios mío, estas cosas que estoy haciendo, y la gente todavía piensa que estoy cuerdo". Pero todo el mundo mantiene una máscara y trata de ocultar toda la locura que hay detrás. Pronto lo verás, cuando meditemos... porque en la meditación tienes que quitarte la máscara y dejar salir toda la locura de los siglos. No te lo guardes, porque es una limpieza tremenda. Y una vez que seas una conciencia limpia y clara, tu realización de Buda no está muy lejos, tal vez sólo un paso más.

Dogen continúa:

ASÍ, NUNCA DEJAN DE EXPRESAR TODA SU CAPACIDAD EN CADA COSA, Y DE EJERCER SU LIBRE ACTIVIDAD EN CADA LUGAR.

PERO EN CUANTO UN PÁJARO ABANDONA EL CIELO, MUERE. LO MISMO OCURRE CUANDO UN PEZ SALE DEL AGUA.

¿Y el hombre? Ha abandonado su océano mucho antes. Su relación oceánica con la existencia está completamente rota, no queda ningún puente. Y esto es lo que le lleva a hacer todo tipo de estupideces. En tres mil años, cinco mil guerras. No puedo creer que estemos aquí sólo para matarnos unos a otros. ¿No hay nada más importante que las armas nucleares?

El 70% de los ingresos de toda la humanidad se destina a la guerra. Incluso los países pobres, que no pueden permitirse dar de comer dos veces al día a su población, que vive por debajo del umbral de la pobreza, siguen malgastando el 70% de sus ingresos en fabricar bombas, en comprar armas.

¿Crees que puede haber algo más loco que la guerra?

Un país como Alemania, uno de los más cultos, cayó en manos de un loco, Adolf Hitler.

Nadie piensa por qué ocurrió. Incluso un hombre como Martin Heidegger, quizá el filósofo más grande de Alemania, era seguidor de Adolf Hitler. Y Adolf Hitler estaba absolutamente loco. Necesitaba ser hospitalizado.

Pero debe haber algo en cada hombre a lo que apeló. Toda Alemania - con toda su inteligencia - se convirtió en una víctima. Y se puede ver la estupidez. Dijo: "Es por culpa de los judíos que Alemania no se eleva como potencia mundial, de lo contrario es nuestro derecho de nacimiento gobernar el mundo. Es por culpa de los judíos".

He oído una pequeña anécdota. El rabino jefe de Berlín, en un paseo matutino, se cruzó con Adolf Hitler. Fue un encuentro extraño, accidental; ambos habían salido a dar un paseo matutino. Adolf Hitler reconoció al rabino jefe y le dijo: "¿Está de acuerdo conmigo o no? ¿Cuál cree que es la causa de que los arios nórdicos alemanes no gobiernen el mundo entero?".

El rabino dijo: "Son las bicicletas. Destruye todas las bicicletas y dominarás el mundo entero".

Adolf Hitler dijo: "¿Estás cuerdo?"

Dijo: "Tan cuerdo como tú. Has matado a seis millones de judíos con un pretexto, sin razón".

¿Por qué la gente estaba convencida de que tenía razón en algo tan estúpido, que los judíos impedían que Alemania se convirtiera en una gran potencia? Los judíos aportaron riqueza, inteligencia, todo a Alemania. Le sorprenderá saber que el cuarenta por ciento de los premios Nobel van a parar a judíos.

Pero, ¿por qué se convenció a todos los alemanes restantes? Por envidia. Los judíos eran ricos, los judíos eran inteligentes, los judíos siempre estaban en la cima de todo.

Es muy peligroso tener éxito en un mundo loco, porque todo el mundo quiere matarte, por la razón que sea; bien o mal, no importa. Toda Alemania estaba convencida, no porque hubiera algún argumento o razón en las declaraciones de Adolf Hitler; sino porque todo alemán estaba celoso de la inteligencia judía, de su éxito, de su riqueza, de su forma de vida. Debido a estos celos, Adolf Hitler consiguió que incluso los alemanes más inteligentes actuaran como animales.

Sólo Adolf Hitler mató a treinta millones de personas. Y ahora las armas utilizadas por Adolf Hitler son sólo juguetes de niños. En estos últimos cuarenta años, la tecnología bélica ha crecido tanto... y sigue en manos de gente como Ronald Reagan. Está en manos de todo tipo de políticos, y los políticos son personas psicológicamente enfermas. Sólo el deseo de poder es una enfermedad.

Un hombre sano quiere amar, no poseer, no dominar. Un hombre sano se alegra de la vida, no va mendigando votos. Son las personas que sufren una profunda inferioridad las que quieren tener algún poder, para demostrarse a sí mismas y a los demás que son superiores. A la persona realmente superior no le importa en absoluto el poder. Conoce tu superioridad, vive tu superioridad. En sus canciones, en sus danzas, en su poesía, en sus pinturas, en su música, vive su superioridad. Sólo los inferiores se quedan para la política.

Lo que Dogen está diciendo es: "no dejes tu cielo, no dejes tu agua, no dejes tu naturaleza, no dejes lo existencial. Porque una vez que lo dejas, no eres más que un cadáver en movimiento".

EN EL MUNDO HUMANO EXISTE LA PRÁCTICA Y LA ILUMINACIÓN, O LA VIDA LARGA Y LA VIDA CORTA. ESTE ES TAMBIÉN EL ESTADO REAL DE LAS COSAS.

No te preocupes por no estar encendido.

Dogen es un genio único. Dice: "Puedes o no ser consciente de tu budeidad, no te preocupes. Cuando llegue el momento y la estación adecuados, florecerás como un Buda". Sólo espera... espera inteligentemente, espera sin deseo; disfruta de la espera, haz de la espera misma un silencio dichoso, y cualquiera que sea tu derecho de nacimiento estará destinado a florecer. Nadie puede impedir que un pájaro vuele, nadie puede impedir que un cuco cante, nadie puede impedir que una rosa florezca.

¿Quién os impide convertiros en Budas? Excepto tú, nadie es responsable de ello.

SIN EMBARGO, SI UN PÁJARO O UN PEZ INTENTAN CRUZAR EL CIELO O EL AGUA DESPUÉS DE CONOCERLOS POR COMPLETO, NO ENCONTRARÁN NINGÚN CAMINO QUE SEGUIR NI NINGÚN LUGAR AL QUE LLEGAR.

Si entras en tu mundo interior y en tu cielo interior no encontrarás ningún camino ni ningún final. Encontrarás una eternidad eterna, una peregrinación sin principio ni fin... una inmortalidad, una inmortalidad que de repente te transforma totalmente sin ningún esfuerzo, sin ninguna austeridad, sin torturarte. Ya eres lo que quieres ser, sólo falta una pequeña cosa, muy pequeña. Despierta. En la vigilia eres un buda. En tu sueño sigues siendo un buda, pero no eres consciente de ello.

Cuando una persona se convierte en Buda, sabe que todos los

demás son Budas. Alguien está durmiendo, alguien está roncando, alguien está corriendo detrás de una mujer, alguien está haciendo algún otro tipo de estupidez... pero los Budas son Budas. Incluso si estás fumando un cigarrillo, no significa que hayas perdido tu esencialidad; sólo muestra tu sueño y nada más.

Un poeta ha escrito:
QUE SE REFUERZAN, UNO SE VA EN
NADA;
DEJARSE LLEVAR, RECUPERA EL ORIGEN.

Dejándose llevar, relajándose, acomodándose, se recupera el origen.
DESDE QUE PARÓ LA MÚSICA, NO
LA SOMBRA SE TOCA
MI PUERTA: OTRA VEZ LA LUNA DEL PUEBLO
ESTÁ POR ENCIMA DEL RÍO.

Aunque te ilumines, sólo cambia tu visión, por lo demás todo sigue igual.

Por supuesto, la rosa es más bella que antes. Sólo porque falta el polvo de su espejo, el mundo se convierte en un paraíso. ... LA LUNA DEL PUEBLO ESTÁ SOBRE EL RÍO ... reflejándose en el río.

Cuanto más te limpies de tus pensamientos, que no son más que polvo, más reflexivo te volverás.

Y el día que puedas reflejar toda la existencia en su pureza habrás llegado a casa.

Otro poema:
RECOGER EL AGUA, Y EL
LA LUNA ESTÁ EN TUS MANOS;
SOSTENGA LAS FLORES, Y SU
LA ROPA ESTÁ PERFUMADA CON ELLOS.

Esto es algo tremendamente bello. El zen habla el lenguaje de la poesía. Lo que el poeta trata de decir es que si te encuentras con un buda -puedes saberlo o no- alguna fragancia del buda y de su presencia será captada por tu ser.

Era práctica habitual en el Zen que los buscadores fueran pasando de un maestro a otro hasta que encontraban a un hombre cuya mera presencia les llenaba; en cuya presencia caían todas sus máscaras y defensas; en cuya presencia se volvían de repente desnudos, recién nacidos, inocentes. Esta era la señal de que habían encontrado a su maestro.

Basho escribió:

SKYLARK

CANTA TODO EL DÍA,

Y EL DÍA NO ES LO SUFICIENTEMENTE LARGO.

Está diciendo que trabajas todo el día, toda tu vida, sin conocer nunca el esplendor de tu ser porque tu trabajo - tus llamadas actividades mundanas - ocupan todo tu tiempo. La vida es tan corta, los setenta años pasan tan rápido... Ni siquiera sabes cuándo tu infancia se convierte en tu juventud, no sabes cuándo tu juventud desaparece y te conviertes en viejo, no sabes que estás continuamente moviéndote hacia la tumba . Hagas lo que hagas, la tumba se acerca.

Recuerda que la vida es corta, pero se ha hecho demasiado corta por tu actividad innecesaria. Me sorprende la gente que está jugando a las cartas o al ajedrez, o que va al cine. Y si les preguntas: "¿Qué haces?", te responden que están matando el tiempo. Como si les hubieran dado demasiado tiempo, superfluo, y lo estuvieran matando a las cartas. Basta ver a la gente apoyada en el tablero de ajedrez como si su vida dependiera de ello, haciendo cola delante del cine...

Conocí a un hombre... era el padre de uno de mis amigos. En mi pueblo sólo había un cine. Vi a ese viejo ir todos los días, exactamente a la misma hora, al cine. Y una película se proyectaba al menos durante cinco o siete días, o más que eso. No era un lugar grande. Pero él la veía todos los días durante siete días.

Finalmente, tuve que interrumpirle. Le dije: "Esto es demasiado. ¿Estás loco? Sigues viendo la misma película todos los días".

Me dijo: "¿Cómo matar el tiempo? Estoy jubilado, esperando la muerte. Supongo que no importa, un día más... ve a ver la película. ¿Qué otra cosa se supone que debes hacer cuando estás jubilado?"

"Y de todos modos", dijo, "todo el mundo hace lo mismo una y otra vez, así que no pienses que estoy loco".

Le dije: "No, no estás loco, sólo eres un espécimen de toda esta humanidad".

He oído hablar de un hombre en California - Avirbhava, toma nota - que se casó diez veces. Porque en California la locura humana ha alcanzado su punto álgido. Todas las encuestas muestran que en California todo dura, como máximo, tres años. Todo está de moda: el matrimonio, el trabajo, la ciudad, la casa, el coche... todo.

En tres años uno se aburre, quiere cambiar a otra cosa.

Y este hombre se casó diez veces. La décima vez, después de dos días, se dio cuenta: "Esta mujer parece ser una con la que me he casado antes."

De hecho, todas las mujeres son diferentes marcas de coches, sólo difiere el capó. Algunas tienen la nariz más larga, otras más corta... Pero lo extraño es que la gente sigue explorando el mismo territorio una y otra vez. Y aún así la gente se cree cuerda.

Otro poema Zen:
EL VIENTO DISMINUYE,
LAS FLORES SIGUEN CAYENDO;
EL LLANTO DE LOS PÁJAROS, LA MONTAÑA
SILENCIO
PROFUNDIZAR.

Son experiencias reales de meditaciones, que se han condensado en haikus.
EL VIENTO DISMINUYE,
LAS FLORES SIGUEN CAYENDO;
EL LLANTO DE LOS PÁJAROS, LA MONTAÑA
SILENCIO
PROFUNDIZAR.

Este debe ser un hombre meditativo... sentado tranquilamente en la ladera de la montaña, observando lo que sucede. La meditación es esencialmente convertirse en un observador en las colinas.

Pregunta 1:

preguntó Maneesha:

NUESTRO QUERIDO MAESTRO,

ES BASTANTE FÁCIL SENTIRSE TOTALMENTE SATISFECHO EN SU PRESENCIA Y DISFRUTAR DE SU ILUMINACIÓN; TAMBIÉN ES BASTANTE FÁCIL TRABAJAR EN UN ESTADO DE PÁNICO SOBRE LO QUE TENEMOS QUE HACER PARA LLEVAR A CABO NUESTRA PROPIA ILUMINACIÓN.

¿NO ES EL ARTE DE ESTAR CON UN MAESTRO TENER SATISFACCIÓN Y SED CORRIENDO COMO UNA CORRIENTE SUBTERRÁNEA A TRAVÉS DE UNO SIMULTÁNEAMENTE?

Maneesha, una sola experiencia es suficiente, dura toda la eternidad. No me refiero a experiencias intelectuales. Puedes sentir intelectualmente que te has relajado. Cuando te llevo dentro, cierras los ojos. Pero cuando te digo: "Guarda silencio", tu mente sigue y sigue tejiendo mil y una cosas. Sientes un cierto silencio... pero se pierde. Y cuando te digo: "Suéltate", lo intentas, pero lo intentas con mucho cuidado. Miras a ambos lados, sobre quién caes, si vale la pena caer. Tienes mucho cuidado para que no se produzca ninguna fractura. Pero en este mismo cuidado pierdes el punto de soltarte.

La iluminación vale más que múltiples fracturas. Cuando te sueltes, suéltate. Cuando rías, conviértete en risa. Cuando guardes silencio, guarda silencio. Cuando diga: "Entra", busca dentro de ti. Olvida el cuerpo y olvida el mundo.

Incluso te digo que te mueras. Haces lo que puedes, pero para morir no necesitas ningún esfuerzo. Sólo te tumbas a esperar los latidos de Nivedano para poder despertarte de nuevo. Ni uno se queda muerto un rato más, todos inmediatamente... es todo intelectual. Si no fuera intelectual, todos los días habría que llamar a una ambulancia porque este lugar se convertiría en un cementerio. Pero nadie se muere.

En todo el mundo la gente está muriendo, excepto en esta Sala de Buda, donde intentamos morir todos los días.

Al contrario, vuelves más sano, más robusto.

Maneesha, lo que sientes sigue siendo intelectual. Eres lo suficientemente inteligente para sentirlo, pero el intelecto no te va a dar la experiencia correcta; te bloquea. No tienes que intentar usar la mente, de ninguna manera. Deja que suceda espontáneamente. Simplemente ve a por ello totalmente. Así que aunque mueras, ¿qué importa?

Un día vas a morir, y este día es perfectamente bueno. Sólo hay siete días. Tendrás que morir el lunes, el martes, el sábado, el domingo... ¿Qué más da?

Pero si mueres de verdad, dejando a un lado la mente y el cuerpo, llegarás a conocer tu inmortalidad; verás la ficción de la muerte. La muerte nunca ha ocurrido, sólo has cambiado de forma. Y los pocos que lo han hecho ni siquiera han pasado a otra forma, se han trasladado al océano eterno, a la existencia misma, perdiéndose por completo. Ése es el éxtasis supremo.

Antes de que alguien muera ... en particular Sardar Gurudayal Singh se está preparando. Él ha estado faltando cada día, quizá hoy él morirá. Prometemos que lo celebraremos ... no te preocupes.

Precious Gloria está muy emocionada mientras planea su próxima boda, con su amiga, Sherry Cherry.

"¿Has oído hablar del afrodisíaco secreto de la India?" Sherry pregunta.

"Pues no", dice Gloria. "¿Qué es?"

"Se llama 'Burnt bindhi'", dice Sherry. "Y si quieres una noche de bodas inolvidable, haz que se coma una docena de bindhis quemados después de la ceremonia".

Una semana después, Gloria se encuentra con Sherry en el supermercado.

"¿Cómo fue tu noche de bodas?" Sherry pregunta.

"Oh, vale, supongo", dice Gloria. "¡Pero sólo ocho de los bindhis funcionaron!"

En un pequeño pueblo del Salvaje Oeste de Estados Unidos, Polly Peekin, la joven y guapa turista, está intrigada por un indio corpulento y de aspecto machista. Le observa y se ha dado cuenta de que dice "¡Chance!" a todas las mujeres que pasan por su lado.

Finalmente, a Polly le puede la curiosidad y se acerca a él y le dice: "Hola".

A lo que él responde: "¡Coincidencia!".

"Qué interesante", dice Polly. "Pensaba que todos los indios decían: "¡Cómo!"

"Sé cómo hacerlo", responde. "¡Sólo quiero una oportunidad!"

Swami Deva Coconut llega al aeropuerto de Bombay con su loro mascota al hombro. Es interceptado por un funcionario de aduanas indio que le dice: "¡Eh, basta! Tienes que pagar derechos de importación por ese loro".

"¿Cuánto?" pregunta Coconut.

"A ver", dice el funcionario, hojeando su libro de importaciones. "Aquí tenemos", continúa. "Quinientas rupias por un loro vivo, cien rupias por uno disecado".

"Eh, Coco", grita el loro. "¡No te hagas ilusiones!"

Swami Bharti Barfi, uno de los discípulos indios de Shree Rajneesh, está sentado en un avión de Air India con el shankaracharya de Puri y algunos de sus ayudantes. Están sobrevolando el subcontinente indio a treinta y cinco mil pies de altura, cuando el shankaracharya se siente de repente muy generoso.

"Si tiro este billete de cien rupias por la ventana", dice, "haré muy feliz a un harijan".

Uno de sus ayudantes añade: "Pero si tiras dos billetes de cincuenta rupias, harás felices a dos personas".

Y el otro ayudante dice: "Bueno, ¿por qué no tiras cien billetes de rupia y haces felices a cien personas?".

En ese momento, Swami Bharti Barfi se levanta y dice: "¿Por qué no haces felices a novecientos millones de personas y te tiras por la ventana?".

Ok Nivedano... tees off, y todo el mundo se vuelve loco.

(Golpe de tambor)

(Rigmarole)

Nivedano...

(Golpe de tambor)

Cállate...

cierra los ojos...

no hay movimiento del cuerpo - se siente congelado.

Ve hacia dentro, más profundo... y más profundo,

como una flecha.

Penetrar en todas las capas

y golpear el centro de tu existencia.

Este silencio...

esta paz...

Empieza a descubrir al Buda que llevas dentro.

No eres más que una roca...

es necesario retirar las piezas no esenciales

y la estatua de Buda será revelada.

Nivedano...

(Golpe de tambor)

Relájate... déjate llevar... ¡muere!

En este momento,

en el centro mismo de tu ser,

eres el buda inmortal.

No tienes que rezar.

No tienes que adorar.

DOGEN: EL MAESTRO ZEN

No tienes que ir a ningún templo.
Porque tú eres el templo de Buda.
Realice
y expresarlo en cada acción -
su gracia, su belleza,
la felicidad de la misma,
el éxtasis de la misma.
Y toda tu vida se convierte en una llama danzante
de alegría inmortal.
Esta es la dimensión
todo Oriente se ha dedicado a
durante millones de años:
para descubrir el punto inamovible,
que es el centro mismo del ciclón.
alégrate de ello,
y recordar el camino
como llegaste a ella
para que cuando quieras,
cierras los ojos
e inmediatamente el Buda está allí.
Nivedano...
(Golpe de tambor)
Vuelve de tu muerte...
a la vida eterna.
sentarse unos instantes
como un buda,
en toda su gloria y esplendor.
Estos pocos momentos hacen de este lugar el más
precioso en todo el mundo.
diez mil budas
fundiéndose y fusionándose entre sí,
como las olas del océano.

DHAMMA BUDDHA

El mundo ha olvidado esta lengua...
tienes que recordarlo.
Todo el mundo tiene que convertirse en un mensaje,
no misionero
Revele su propia Budeidad
Es suficiente para despertar a la gente que te rodea.
Tu felicidad,
tu felicidad,
su bendición tiene que ser compartida.
Cuanto más lo compartas,
más lo tienes.
¿De acuerdo Maneesha?
Sí, querido maestro.
¿Podemos celebrar la reunión
de diez mil budas?
Sí, querido maestro.